Istrien

Peter Hinze

W0054488

Reisen mit Erlebnis-Garantie

MERIAN-TopTen
Was Sie unbedingt sehen sollten

MERIAN-Tipps
Persönliche Empfehlungen
unserer Autoren

MERIAN-Bewertung
Übernachten, Einkaufen,
Essen und Trinken mit Flair

Für Familien
Für Eltern mit Kindern besonders
geeignet

Tourenplaner
Damit Sie leichter ans Ziel kommen

Peter Hinze, Jahrgang 1958, arbeitet nach dem Studium der Kommunikationswissenschaft als freier Autor und Fotograf für zahlreiche Zeitschriften und Buchverlage. Seit 1992 ist er als Redakteur beim Nachrichtenmagazin *Focus* in München tätig.

Idyllisch: der Hafen von Valun auf der Insel Cres (→ S. 64).

Hektische Altstädte und stille Bergdörfer, lebhafte Strände und intime Buchten – dazu Sonnenschein satt und Badespaß für die ganze Familie: Istrien hat alles!

Eine Region zwischen stiller Abgeschiedenheit und Massentourismus: der alte Hafen von Lovran.

Istrien – das war früher ein begehrtes Ziel seefahrender Entdecker: Illyrer, Römer, Venezianer ... Sie alle schätzten die istrischen Gestade. Die Zeiten haben sich geändert, die Faszination ist geblieben: Heute ist Istrien das liebste Urlaubsziel für tausende Österreicher, Deutscher oder Italiener. Sie kommen nicht zur Eroberung, sondern zur Erholung – und profitieren von der jahrhundertealten Weltoffenheit der Menschen zwischen Umag und Pula, zwischen Buzet und den Inseln der Kvarner Bucht.

Überall ist der Urlauber herzlich willkommen – und es bleibt nicht nur bei Worten, sondern die Menschen zeigen selbstverständliche Gastfreundschaft: Die Flasche Wein teilt man mit den Gästen. Traditionen wurden bewahrt; man kann sie auf den Volksfesten und Bauernmärkten im Landesinneren erleben. Trotzdem hat man sich für das Neue geöffnet: Der Tourismus an der Küste erreicht mancherorts internationalen Standard. So wurden in den siebziger und achtziger Jahren vor allem die Küstenorte Umag, Novigrad, Poreč und Rovinj zu Tourismus-Zentren ausgebaut.

Inzwischen setzen Hoteliers und Gastronome vermehrt auf einen behutsamen Neubeginn. In den Jahren zwischen 1990 und 1993 sind die Touristen aufgrund der Kriegshandlungen auf dem Gebiet des ehemaligen Jugoslawien ausgeblieben.

Mit Kroatien – das an den oftmals brutalen Kämpfen immer wieder aktiv beteiligt war – verbanden immer weniger Urlauber das Stichwort »unbeschwerte Ferien«. Auch im Landesteil Istrien kam der Tourismus verständlicherweise fast völlig zum Erliegen, obwohl das Gebiet vom Krieg verschont wurde. Die Menschen an der Küste haben immer versucht, ihr eigenes Leben unabhängig von den Regierungen in Belgrad (früher) und Zagreb (heute) zu leben.

Fast täglich gingen seit 1990 die gleichen Schlagzeilen, die gleichen Kriegsbilder durch die Weltpresse. Immer wieder hörte man von Serben und Kroaten, sah man

Krieg und völkerrechtliche Anerkennung

schreckliche Zerstörungen in Bosnien-Herzegowina und Flüchtlingselend in Kroatien. Im Januar 1992 wurde Kroatien von vielen Staaten völkerrechtlich anerkannt, und ab 1994 änderte sich das Bild: Der einstige Urlaubsklassiker für viele mitteleuropäische Sommertouristen startete zum Comeback, der jahrelang selbstverständliche Massentourismus hielt erstmals wieder Einzug.

Die Rückkehr auf die weltpolitische Bühne und die neuerliche Anerkennung in der internationalen Staatengemeinschaft führten in Kroatien zu einem gestärkten Selbstbewusstsein. Auch sportliche Erfolge – wie etwa im Tennis oder im Fußball – trugen dazu bei. Für viele Kroaten bildete der Tod des langjährigen Staatspräsidenten Franjo Tudjman – er starb im Alter von 77 Jahren im Dezember 1999 – den endgültigen Bruch mit der jugoslawisch-geprägten Vergangenheit: Neue Hoffnungen auf ein stärkeres Bekenntnis zur Demokratie und das Versprechen, Kroatien enger an Westeuropa zu binden, führten vor allem in den letzten zwei Jahren zu einem auch für den Tourismus dringend benötigten Imagewandel des gesamten Landes.

Dies gilt auch für die Region Istrien. Obwohl die Menschen entlang der Mittelmeerküste immer wieder die Eigenständigkeit und Unabhängigkeit von der Zentralregierung in der Hauptstadt Zagreb betonten, bestimmen doch maßgeblich die nationalen Vorgaben das wirtschaftliche Wohl und Wehe zwischen Rijeka und Rovinj.

Inzwischen setzt sich auch die Rückkehr Istriens auf die touristische Europa-Karte behutsam, aber stetig fort: Vor allem deutsche Urlauber haben Kroatien als Reiseziel wieder entdeckt. Im Jahr 2000 kamen wieder deutlich mehr Besucher, deren Motive für die Wahl Istriens als Ferienziel sich zumeist gleichen: Die Region bietet herrliche Strände, sauberes Wasser und im Hinterland abwechslungsreiche, unverbrauchte Natur. Außerdem stimmt das Preisniveau in Hotels, Ferienanlagen, Campingplätzen und in den gastronomischen Betrieben. Dabei kommen FKK-Sonnenanbeter, die das Gebiet seit Jahrzehnten in großer Zahl »anzieht«, ebenso auf ihre Ferienfreude wie Wassersportler, passionierte Golfer und Tenniscracks – und selbstverständlich historisch interessierte Besucher.

Tourismus wurde im ehemaligen Jugoslawien lange Zeit als immer sprudelnde Quelle für Deviseneinnahmen gesehen. Aber auch hier macht sich ein neues Selbstverständnis und Qualitätsbewusstsein breit. Obwohl die

Das neue Tourismus-Bewusstsein

Besitztumsfrage vielerorts noch nicht geklärt ist: Privates Engagement wird vorangetrieben, weil es sich wieder lohnt. Neu eröffnete Restaurants bieten den Besuchern internationale und regionale Küche auf hohem Niveau, besonders die (eher teuren) Fischgerichte verdienen gastronomische Anerkennung. Neue Hotels schießen vielerorts aus dem Boden, und man kämpft mit komfortablen Zimmern, Meerwasserpools und Diskos um internationale Anerkennung auf der touristischen Weltkarte.

Die Nationalparks (z. B. Plitvicer Seen, Brijuni-Inseln) sind Oasen der Ruhe mit Wanderwegen, herrlich gelegenen Unterkünften und ungewöhnlicher Flora und Fauna.

Mehr Klasse – weniger Masse

Doch obwohl der einstige Urlaubsklassiker für viele mitteleuropäische Sommertouristen den Anschluss an den internationalen Pauschaltourismus wieder geschafft hat, gestalten Fehler der Vergangenheit einen wirklich glänzenden Aufstieg vielerorts als schwierig.

Größtes Manko jedoch bleibt das Negativ-Image des Reiselandes: Jahrelang profilierte sich Istrien als Billig-Ziel – vor allem für Bustouristen aus den Nachbarstaaten. Der Wandel hin zum Qualitätsziel hat sich bei den Urlaubern noch nicht festgesetzt. Obwohl es hervorragende Neuerungen gibt: So gehören gute Hotels längst nicht mehr zu den Ausnahmen. Restaurants bieten kulinarische Qualität auf international vergleichbarem Standard – und zudem besinnen sich die Menschen häufig auf ihre lokalen Ursprünge: Urlaub auf dem Bauernhof ist gefragt; das Land lässt sich über Weinstraßen entdecken oder per Rad – im wahrsten Sinne des Wortes – erfahren.

MERIAN *live!* »Istrien« versucht vor allem das neue Istrien mit seiner wiedergefundenen Vielfalt in der Vordergrund zu stellen. Der Band richtet sich deshalb auch besonders an Urlauber, die sich abseits der touristischen Hochburgen bewegen wollen und die bereit sind, Neuland zu erkunden. Denn mittlerweile bietet auch Istrien immer bessere Voraussetzungen für ein anspruchsvolles Urlaubs- und Erholungserlebnis. Dabei muss nicht immer nur Baden an der Küste auf dem Programm stehen.

Land der Kontraste und Kulturen

Während die Küste oftmals überlaufen ist und einen international vergleichbaren Tourismus bietet, den man ähnlich auch in Spanien oder Italien erleben kann, zeigt das Hinterland ganz individuelle Züge: Istrien von seiner starken, ursprünglichen Seite. Zwischen weiten Weinbergen thronen uralte Dörfer auf sanften Hügeln, umgeben von melancholischer Verlassenheit. Hier gerät die hektische Küste schnell in Vergessenheit: Wer Istrien wirklich entdecken will, sollte auf einen Abstecher ins Landesinnere nicht verzichten.

So faszinierend Städte wie Motovun, Pičan oder Žminj auch sind – die Bevölkerung kehrt ihnen mehr und mehr den Rücken.

MERIAN-Lesetipp

Obwohl Istrien nicht in die kriegerischen Auseinandersetzungen auf dem Gebiet des ehemaligen Jugoslawien mit einbezogen wurde: Informationen zum historischen Hintergrund des Konfliktes sollten auch für Istrien-Urlauber zur Reisevorbereitung gehören. Unter dem Titel **Im Fadenkreuz der Mächte** beschreibt **Peter Scholl-Latour** Geschichte und Gegenwart des gesamten Pulverfasses Balkan (C. Bertelsmann Verlag). Eine gute Lektüre über die politischen Zusammenhänge. Auch in den nun angebrochenen Friedenszeiten noch immer ein empfehlenswerter Blick in die wechselhafte Geschichte der Region.

Oben: Auf Cres schätzt man eine langsamere Gangart (→ S. 59).

Mitte: Sonne und Wasser, so weit das Auge reicht – zum Beispiel an der Küste von Rovinj (→ S. 51).

Unten: Sonnenverwöhnte Trauben für einen guten Tropfen in Rovinjsko Selo.

Zwar bleiben die Alten – die Jungen jedoch suchen ihr Glück zumeist an der Küste. Immer häufiger setzen sie dabei auf den Tourismus, der hier bereits En-

Hoffnung und Zukunft am Meer

de des 19. Jahrhunderts seinen Einzug hielt. Die Wiener Staatsbahn brachte damals auf einer neuen Strecke wintergeplagte Österreicher nach **Opatija** und **Crikvenica**.

Mittlerweile ist der Fremdenverkehr längst zum wichtigsten Wirtschaftsfaktor geworden: In Poreč und Rovinj drängen sich allabendlich Touristenscharen durch die engen Gassen. In Cafés trinkt man Cappuccino oder ein Glas einheimischen Wein. In den Eisdielen gibt es herrlich schmackhafte Erfrischungen. Fliegende Händler und Straßenkünstler feilschen um Kunden – und über allem liegt das milde Flair der Adria.

Kaum eine andere Region kann ihre Gäste mit mehr Sonne verwöhnen als Istrien: Die Insel **Rab** wirbt mit 2500 Sonnenstunden jährlich – und hält das Versprechen mit schöner Regelmäßigkeit. Die Folge: Das Leben im Sommer spielt sich draußen ab – das gilt auch für die Besucher. Vor allem Familien mit Kindern genießen das »Outdoor«-Vergnügen: Camping-Ferien stehen hoch im Kurs, und FKK-Urlaub ist hier erfunden worden – das behaupten nicht nur die Einheimischen.

Der istrische Tourismus konzentriert sich auf die Küsten-

regionen. Kein Wunder: Herrliche Strände – allerdings nur selten mit Sand – finden sich überall am Festland. Und wer es etwas ruhiger mag, der setzt mit einer Fähre – die nicht selten von Delfinen begleitet wird – hinüber in die **Kvarner Bucht: Cres, Lošinj, Krk** oder **Rab**. Das Leben auf den Eilanden unterscheidet sich auch für Touristen deutlich zum Festland: Überall kann man ruhige Plätze

Auf Robinsons Spuren

zum Entspannen finden. Dabei hatte das kriegsbedingte Ausbleiben der Touristen während der letzten Jahre für die Natur an Istriens Küste – so paradox es klingen mag – auch eine positive Folge: Die **Wasserqualität** an den Stränden gehört zu den besten in ganz Europa. Vor allem bei privaten Bootskapitänen ist Istrien sehr beliebt. In den Häfen findet sich selbst in der Hochsaison meist noch ein nächtlicher Ankerplatz.

Kroatien bietet 1778 Kilometer Adriaküste mit 1185 vorgelagerten Inseln – und Istrien ist eines der schönsten Gebiete davon. »Als die Götter ihr Werk krönen wollten, schufen sie am letzten Tag aus Tränen, Sternen und dem Hauch des Meeres die Kornaten«, schrieb George Bernard Shaw über die Inselkette. Die nach Istrien reisenden Urlauber werden ihm Recht geben.

Kunstgenuss und Augenweide: In der Marienkathedrale von Osor auf Cres finden im Sommer die Musikabende von Osor mit klassischen Konzerten statt (→ S. 62).

Die alten Zeiten gehen zu Ende: Das Ambiente sozialistischer Ferien(un)kultur weicht touristischer Aufbruchsstimmung. In Privatunterkünften erlebt man herzliche Gastfreundschaft.

In Opatija kurte schon vor über 100 Jahren die k. u. k. Hautevolee – im Hotel Kvarner-Amalia (→ S. 32).

»Es tut sich etwas«, darf mittlerweile das Urteil über die istrische Ferien-Industrie lauten, die längst aus den Anfängen hinaus zum wichtigsten Wirtschaftsfaktor der Region geworden ist. Betteten sich früher die Gäste zumeist in Hotels mit dem Charme post-jugoslawischer Einheitsarchitektur, so geht es seit einigen Jahren individueller und luxuriöser zu: Da die Besitztumsfrage für viele Objekte mittlerweile geklärt ist, investieren vor allem einheimische Familien und Investoren in mittelgroße Hotels und Pensionen. Zudem haben internationale Hotelkonzerne das Land entdeckt.

So hat die spanische Hotelgruppe Sol Meliá zahlreiche Häuser in Istrien übernommen. Die Anlagen wurden größtenteils komplett saniert und modernisiert. Mittlerweile garantieren Hotels mit dem Zusatz »Sol« oder »Meliá« im Namenszug – auch wenn die Bauten aus den sechziger oder siebziger Jahren stammen – eine richtige Wahl mit zumeist guter Qualität. Ein Beleg dafür: Zahlreiche deutsche Pauschalreiseveranstalter haben die Hotels in ihren Programmen.

Als gelungenes Vorzeigeobjekt gilt auch die Hotelinsel Katarina, auf der österreichische Investoren hinter teils historischen Mauern ein 350-Betten-Haus errichtet haben.

Lassen Sie sich nicht durch die Kategorisierung der istrischen Hotels täuschen: Meist liegt die Qualität eines Hotels unter dem Standard in anderen europäischen Ländern. Individualreisende sollten sich außerdem nicht über das Preisniveau wundern: Reiseveranstalter bieten die gängigen Touristenhotels meist wesentlich günstiger an. Wer direkt an die Hotelrezeption kommt, wird oftmals recht kräftig zur Kasse gebeten.

An der Küste – kurz nachdem man die Grenze zu Slowenien passiert hat – liegen die Höhepunkte für Urlauber aufgereiht wie an einer Perlenkette. Dabei sind vor allem die Orte **Poreč** und **Rovinj** zu Hochburgen

Privatzimmer mit Familienanschluss

für ausländische Besucher aufgestiegen. Die Folge: Vor allem in den Sommermonaten von Juni bis September findet sich hier kaum ein freies Bett. Hilfe im Notfall können manchmal allerdings Privatunterkünfte bieten, denn das Angebot ist umfangreich und gehört zu den Stärken des istrischen Fremdenverkehrs.

Privatzimmer sind landesweit der große Hoffnungsschimmer – und noch immer eine der besten Möglichkeiten, Land und Leute kennen zu lernen: herzliche Gastfreundschaft, Familienanschluss ohne lange Berührungsängste, meist sehr gepflegte, saubere Zimmer – und wenn es mit der Verständigung mal nicht gleich klappt, findet sich immer jemand, der Deutsch spricht.

Den Vermietern merkt man ihr Bemühen um ein gutes Angebot an, und trotzdem stimmt das Preis-Leistungs-Verhältnis. Auch innerhalb der Kategorie Privatunterkünfte werden unterschiedliche Qualitäts-Standards angeboten.

An der Spitze – auch beim Preis – stehen Zimmer mit eigenem Bad, WC und Balkon. Sparen Sie nicht an der falschen Stelle: Wenn möglich, entscheiden Sie sich immer für einen Balkon. Zum einen sind die Nächte oftmals stickig-heiß, und dann ist es besonders angenehm, noch etwas draußen zu sitzen – denn ein sanfter Wind vom Meer kann durchaus etwas Abkühlung bringen. Zum anderen kann es in einigen Zimmern auf die (Urlaubs-)Dauer doch ein wenig eng werden; dann tut es gut, wenn man sich auch nach draußen begeben kann, ohne gleich seine Pension verlassen zu müssen.

Meist sind die Zimmer der Oberen Preisklasse modern eingerichtet. Günstiger sind private Übernachtungsangebote, bei denen der Balkon fehlt, wo es nur eine Gemeinschaftsdusche auf dem Gang gibt – oder ein Waschbecken im Zimmer als einzige »Bademöglichkeit« vorhanden ist.

Privatunterkünfte werden meist von Touristenbüros zentral vermittelt. Oft gibt es in einem Ort verschiedene Anbieter. Es lohnt sich deshalb, bei mehreren Büros wegen Übernachtungsmöglichkeiten nachzufragen.

Ferienwohnungen

Wer etwas mehr Privatsphäre wahren möchte, dem bietet sich in vielen Orten eine reiche Auswahl an meist gepflegten Ferienwohnungen. Vielfach haben die Vermieter früher im deutschsprachigen Raum gearbeitet. Ihre Ersparnisse haben sie nun in der Heimat investiert.

Achtung: In der Hochsaison kann es zu Engpässen im Angebot kommen, da viele Urlauber ihre Ferienwohnung bereits im Jahr zuvor reservieren. Zahlreiche **Privatvermieter** betreiben ihre Pension nur im Sommer und leben in der übrigen Zeit des Jahres oftmals in Zagreb oder anderen kroatischen Großstädten. Dies sollten Sie beachten, wenn Sie außerhalb der Saison telefonisch buchen wollen. Auch die Vermittlung von Ferienwohnungen erfolgt meist über **Touristenbüros**.

Jugendherbergen

Das Angebot an preisgünstigen Unterkünften für Rucksackreisende ist dünn gesät. Jugendherbergen gibt es wenige und nur in größeren Städten. In den Ferienzeiten sind sie meist überfüllt. Das Alterslimit ist 27 Jahre.

Info: Deutsches Jugendherbergswerk, Tel. 0 52 31/7 40 10. Wer sich langes Suchen ersparen möchte und trotzdem nicht viel Geld ausgeben will, mietet sich am besten einen der Caravans oder Bungalows die auf Campingplätzen angeboten werden. Für jeden Istrien-Urlaub auf Backpacker-Art gilt: Ein Zelt ist unbedingt mitzunehmen. Und in den Sommermonaten reicht eine dünne Decke. Vorsicht: Wildes Campen ist nicht gestattet!

Preisklassen

Die Preise gelten für eine Übernachtung für zwei Personen im Doppelzimmer (in der Regel mit Frühstück). In den Monaten Juli und August werden die Tarife häufig regional angehoben. In fast allen Touristenorten wird jeweils eine lokale Kurtaxe erhoben. Sie beträgt zwischen einem halben und einem Euro pro Tag und Person, teilweise ist sie bereits im Zimmerpreis enthalten. Informieren Sie sich am besten vor der ersten Übernachtung über die jeweilige Abrechnung. Unterkünfte müssen in der Regel in ausländischen Währungen (vorzugsweise DM) bezahlt werden.
★★★ ab 75 €
★★ ab 40 €
★ bis 40 €

Alle in diesem Buch empfohlenen Unterkünfte auf einen Blick

MERIAN-Tipp

Übernachten in Leuchttürmen An der kroatischen Mittelmeerküste gibt es zahlreiche Leuchttürme. Die Regierung in Zagreb hat beschlossen, 34 Leuchttürme zu Hotels, Kasinos oder privaten Unterkünften umzubauen. Informationen über die Orte und den Stand der Realisation gibt die Kroatische Zentrale für Tourismus (→ S. 103).

Wer Nostalgisches liebt, wird sich im ältesten Hotel der Stadt Crikvenica (→ S. 26), im Therapia, bestimmt wohl fühlen.

Die Vielfalt in den istrischen Kochtöpfen weckt Erwartungen: eine Prise Italien, ein Hauch Österreich und dazu Meeresfrüchte und viel gegrilltes Fleisch.

Straßencafés, Restaurants und Geschäfte prägen das Bild der Altstadt von Poreč. Hier findet man südliches Flair wie kaum anderswo in Istrien.

Die wechselhafte Geschichte der Region hat auch kulinarisch ihre Spuren hinterlassen: Italiener prägen die istrische Küche mit Pizza und Nudelgerichten, die Österreicher brachten vor allem das Wiener Schnitzel und Süßspeisen wie Palatschinken mit. Bleibt noch die dritte wichtige Strömung für Küche und Teller zu erwähnen: die jugoslawische Küche (besser gesagt eine meist dalmatinische Ausrichtung), die auch in Deutschland in den sechziger und siebziger Jahren mit unzähligen »Balkan Grills« in fast allen bundesdeutschen Großstädten das kulinarische Bild des einstigen Vielvölkerstaates verkörpert hat.

Zwischen diesen Einflüssen muss der Tourist seinen kulinarischen Weg finden – und blieb in der Vergangenheit leider häufig orientierungs- und geschmacklos im Speisesaal seines Pauschalreise-Hotels sitzen. Gastro-Highlights waren selten. Doch diese Zeiten sind definitiv vorbei! Viele Köche bereiten mittlerweile »den Brei« – und bringen dabei erstaunliche Leistungen, die sich auch anderswo an den Mittelmeer-Gestaden sehen lassen könnten.

Vor allem **Pula** hat sich zu einem Gourmet-Zentrum etabliert. Mit dem »Valsabbion« im Yachthafen Veruda liegt hier das seit Jahren beste Restaurant der Region (→ S. 49). Gleich nebenan bittet der Aufsteiger »Vela Nera« zu Tisch. Pulas dritte »Spezialität« für Gourmets ist das »Milan«. Küsten-Alternativen mit bestem Ruf: »Mandrac« (Tel. 52/75 71 20) oder »Giovanni« (Tel. 52/75 71 22) in **Novigrad**; »Marino« (Tel. 52/77 90 47) bei **Buje**; »Maruzza« (Tel. 52/75 95 88) für Gäste in **Umag** – dies sind Adressen, die mit hoher Wahrscheinlichkeit das kulinarische Istrien-Bild nachhaltig und positiv prägen.

Und wer noch urige Atomsphäre dazu will, der muss in Konobas wie »Toklarija« (Tel. 52/66 30 31; ein Muss für jeden Istrien-Urlauber) bei **Buzet**; in der »Humska« (Tel. 52/66 00 05; gemütliche Terrasse) in **Hum**; bei »Sergio« (Tel. 52/75 77 14; nicht weit zum Meer) nahe **Novigrad** oder im »Buscina« (Tel. 52/73 20 88; schöner Kamin an kalten Tagen) rund fünf Kilometer von **Umag** einkehren.

Doch eine gewisse Vorsicht sei geboten: Gerade in dieser Gastro-Aufbruchsstimmung kann manch hervorragende Küche unter dem Gästeansturm nicht immer die Qualität halten!

Ganz gleich, wo sich der Besucher aufhält: An **cevapcici** (Röllchen aus gehacktem Fleisch, verschiedene Arten), **raznjici** (gemischte Fleischspieße) und **pljeskavica** (die lokale Version eines Hamburgers) führt kein Weg vorbei. Die Vereinigung der drei Fleisch-Spezialitäten wird landesweit unter dem wenig typischen Namen »Mixed Grill« serviert. Zubereitet werden diese Gerichte meist auf dem offenen Grill, nicht selten sichtbar für die Gäste. Dazu wird der unvermeidliche **djuvec-Reis** (bereits mit Gemüse verfeinert und mit Paprika leicht gewürzt) oder Pommes frites serviert. Als dekorative Beilagen dürfen auch nicht rohe Zwiebeln und **ajwar** fehlen, ein pikantes rotes Beilagen-Mus, meist aus Tomaten und Paprika.

Vorteil der Küste: Fischers frische Fische

Urlauber der Küstenregionen erwarten natürlich Fisch und Meeresfrüchte auf der Speisekarte – und sie werden nicht enttäuscht. Überall gibt es gute Fisch-Restaurants, die in der Regel ihr frisches Angebot in Glasvitrinen den Gästen präsentieren. Auf den Speisekarten mittlerweile zum landesweiten Standard geworden ist die »Fischplatte für zwei«, die sich meist wesentlich artenreicher präsentiert als der Fang der Fischer im nahen Hafen.

Neben zahlreichen lokalen Fischarten werden Tintenfische, Krabben oder Hummer angeboten. Da die große Nachfrage in den Sommermonaten kaum befriedigt werden kann, stammen auch diese Fänge nicht immer aus heimischen Gewässern. Der Preis der Fischspezialitäten richtet sich oft nach dem Gewicht: Gehen Sie auf Nummer sicher, und fragen Sie nach dem Preis, ansonsten können Sie schnell eine Überraschung erleben – Fisch gehört zu den teuren Speisen.

Tradition auch beim Dessert: Die Österreicher haben einst Palatschinken und Strudel mitgebracht. Den Italienern verdankt man eine umfangreiche Auswahl an hervorragenden Eissorten. Den anschließenden Kaffee trinkt man im nördlichen Istrien eher italienisch als Cappuccino oder Espresso, während man im Süden schon einen türkischen Mocca bevorzugt, der oft aus einem langstieligen Kupferkännchen in die kleine Tasse gegossen wird. Und wer's mag, schließt das Essen am besten mit einem hochprozentigen Schnaps ab.

Auch als Weinregion etabliert sich Istrien wieder stärker. Vorbei die Zeiten, als der Gast zum italienischen Tropfen greifen musste, um Qualität zu genießen. Die Sorten **Malvasia** (gut zu Fisch, Meeresfrüchten und Nudelgerichten) und **Terlan** (Wild, Hähnchen, Trüffel oder Fuzi) werden besonders geschätzt. Wer die jungen Winzer der Region selbst erleben möchte, sollte eine der drei (gut ausgeschilderten) Weinstraßen (um Buje, um Buzet oder um Porec) befahren. Ausgezeichnete Weingüter sind: »Moreno Coronica« (Umag;

Tel. 52/73 01 96); »Moreno Degrassi« (Basanija; Tel. 52/75 98 44); »Gianfranco Kozlovic« (Momjan; Tel. 52/77 91 77); »Ivica Matosevic« (Sveti Lovrenc; Tel. 98/36 73 39) oder auch »Peter Poletti« (Visnjan-Poreč; Tel. 52/44 92 51).

Typisch essen? Der Lokalname entscheidet

Kulinarische Qualitätsunterschiede bedingen auch die Wahl des Lokals: Im Restoran geht es meist bei einem eher gehobenen Preisniveau so touristisch zu wie überall in Europa. In der meist familiär geführten Gostiona, auch Gostionica genannt, kocht die Frau des Hauses meist selbst. Die Auswahl der Gerichte ist wenig umfangreich, dafür stimmen aber Qualität und Atmosphäre. Wer es noch eine Spur rustikaler mag, kehrt am besten in einer Konoba ein: Hier wird zum Essen nicht selten ein lokaler oder gar vom Wirt selbst gekelterter Wein angeboten.

Auf zahlreichen Märkten bieten die Landwirte der Region ihre einheimischen Produkte direkt an. In kurzer Zeit bekommen Sie alles, was Sie für ein gutes Picknick brauchen. Besonders lohnend: verschiedene Käsesorten, geräucherter Schinken sowie Gemüse und Obst aus eigenem Anbau. Vor allem die Märkte im Landesinneren zeichnen sich durch Tradition und ein typisches Angebot aus.

Restaurants sind bei den einzelnen Orten im Kapitel »Sehenswerte Orte« beschrieben.

Preisklassen

Die Preise gelten für ein dreigängiges Menü ohne Getränke.
Luxusklasse ab 45 €
★★★ ab 25 €
★★ ab 12 €
★ bis 12 €

ESSDOLMETSCHER

Wichtige Redewendungen
→ S. 115

A
ajwar: pikante Würzbeilage für Fleischgerichte
arbun: Rotbrasse

B
bakalar: Stockfisch
becik: paniert
beli luk: Knoblauch
bife: Büfett, einfache Kneipe
biftek s tartufima: Beefsteak mit Trüffelpilzen
bijelo vino: Weißwein
biska: spezieller Schnaps
boca: Flasche
borgonja: lokaler Rotwein (trocken)
brancin u foliji: Seebrasch in Folie
brancin na soli: Seebrasch in Salzkruste
burek: gefüllte Pasteten

C
caj: Tee
casa: Glas
cevapcici: gegrillte Hackfleischröllchen
cipal: Meeräsche
crno vino: Rotwein

D
dagnje: Miesmuscheln
dinja: Melone
divlac: Wild
domaca kuhinja: regionale Küche
dorucak: Frühstück

F
fuži: Maultaschen

G
gostiona: landestypische Gaststätte
govedina: Rindfleisch

H
hladno: kalt
hobotnica na salatu: Tintenfischsalat
hrvatica: lokaler Roséwein (trocken)

I
istarski specijaliteti: istrische Spezialitäten
istraska supa: istrische Suppe mit Rotwein, Brot

J
jaja: Eier
janjetina: Lammfleisch
janjetina ispod peke: Lammfleisch auf der Tonplatte
juha: Suppe

K
kava: Kaffee
kavana: einheimisches, einfaches Café
kiselo: sauer
kobasice: Würstchen
kolač: Kuchen
komad: Stück
komarca: Goldbrasse
konoba: Weinkeller
konobar, molim: Herr Ober, bitte
kruh: Brot
krumpir: Kartoffel
kujundžuša: kroat. Weißwein
kvalitetno vino: Qualitätswein

L
lignja: Tintenfisch
limunada: Limonade
lozovaca: Weinbrand

M
malvazija: lokaler Weißwein (trocken)
maslac: Butter
masline: Oliven
med: Honig
meso: Fleisch
meso na zaru: Fleisch vom Rost
mlijeko: Milch
morski racici: kleine Meereskrebse

N
na buzaru: gedünstet
na lešo: gekocht
naravni: natur (bei Speisen)
njoki s divljaci: Gnocchi mit Wild

O
odojak: Ferkel
ombolo: luftgetrocknetes Schweinefleisch
orada s krumpirom: Goldbrasse mit
  Kartoffeln
ostrige: Austern

P
palacinke: Pfannkuchen
papar: Pfeffer
patka: Ente
pelinkovac: Magenbitterlikör
perad: Geflügel
piće: Getränk
pikantno: pikant
pile: Hühnchen
piti: trinken
pivo: Bier
pjenicom od articoka: Artischocken-
  mousse
polsuho: halbtrocken (Wein)
porečki merlot: istrischer Rotwein
porečki teran: istrischer Rotwein
pošip: kroat. Weißwein
povetica: Kuchen, eine Strudelart
povrće: Gemüse
prirodno: naturrein (Wein)
prodavnica: Geschäft
prošek: Süßwein
pršut: Schinken
pljeskavica: gegrillte Bulette
pola kilogram: Pfund
prstači: Steinbohrermuschel
pura: Maisbrei (Art Polenta)
purica: Truthahn

R
račiči: Garnelen
rakovi: Krebs
raznjici: gemischte Fleischspieße
resance: Nudeln
riba: Fisch
riba na zaru: Fisch vom Rost
– u kruhu: Fisch in Brot
– u pecnici: Fisch aus dem Backofen
– u soli: Fisch in Salzkruste
ribarski brudet: Fisch-Brodetto
riblji specijaliteti: Fischspezialitäten
riza: Reis
rucak: Mittagessen

S
salata: Salat
samoposluzni restoran: Selbstbedie-
  nungsrestaurant
sir: Käse
skoljke na zaru: Muscheln vom Rost
skusa: Makrele
sladoled: Eis
slano: salzig
slasticarna: Konditorei/Bäckerei/
  Eisdiele
slatko: süß
šljijivovoca: Pflaumenschnaps
sljivovica: Slivovitz
snicl: Schnitzel
sok: Saft
sol: Salz
stol: Abendessen
stolno vino: Tischwein
suho: trocken (Wein)
sunka: Schinken
svinjetina: Schweinefleisch
svjetska kuhinja: internationale
  Küche

T
tartufi: Trüffelpilze
telece koljenice: Kalbshaxen
teleci medaljoni: Kalbsmedaillon
teletina: Kalbfleisch
teran: lokaler Rotwein (trocken)
tijesto: Nudelteig
travarica: Kräuterlikör
trznica: Marktplatz
tuna: Tunfisch

V
vino: Wein
voćni sok: Fruchtsaft
voče: Obst
voda: Wasser
vrbnicka slahtina: lokaler Weißwein
vrhunsko: Bezeichnung für Wein der
  Spitzenklasse
vruče: heiß

Z
zelena salata: Kopfsalat
žlahtina: kroat. Weißwein
zivjeli: Zum Wohl!
zubatac: Zahnbrasse

Mit dem Auto reisen Sie am besten
– obwohl es in den Sommermonaten eng wird in den Küstenorten. Die Alternative: Sie kommen mit dem Boot!

*Der malerische Ferienort
Ika liegt zwischen Opatija
und Lovran.*

Da freut sich die ganze Familie:

Ein sanfter Strand für Kinder und ein abwechslungsreiches Nachtleben für Eltern – der Kurort erfüllt viele Urlaubswünsche.

Crikvenica   ■ B 6, S. 118

6500 Einwohner

Bereits ein Zahlenspiel sorgt für Klarheit darüber, was Sie in Crikvenica erwartet: Der kleine Ort am nordöstlichen Ufer der Kvarner Bucht verfügt über mehr als 20 000 Fremdenbetten! Ähnlich wie Opatija verdankt man diesen touristischen Aufstieg dem Bau der Eisenbahnstrecke bis Rijeka im Jahre 1873: Von da an kamen die ersten Feriengäste. Seit 1888 – mittlerweile war Crikvenica zum Kurort erklärt worden – stand die Stadt zunehmend im Zeichen des Tourismus. Heute haben viele Hotels wegen des milden Klimas ganzjährig geöffnet.

Seinen Namen leitet der Ort von »crikva« ab, was im einheimischen Dialekt so viel wie »Kirche« bedeutet. Die Fundamente dieser Kirche stammen aus dem 14. Jh. Ganz in der Nähe wurde von den Frankopanen im 15. Jh. ein Kastell errichtet, das inzwischen zu einem Hotel umgebaut wurde und zu den besten Adressen in Crikvenica zählt.
   Vor einigen Jahren sorgte allerdings ein anderes Bauwerk für einen Dämpfer der Tourismus-Euphorie: Seitdem die Insel Krk durch eine Brücke (bei Kraljevica) mit dem Festland verbunden ist, haben die Schiffe in Crikvenica für immer Anker geworfen. Mittlerweile ist es unter Touristen jedoch zum Sport geworden, die Insel Krk aus eigenen Kräften mit dem Boot zu erreichen (Vorsicht bei Wetterumschwüngen!).

Aber auch wer an Land bleibt, kommt voll auf seine Kosten, vor allem Familien: Der über 2 km lange grobe Kiesstrand, der sich größtenteils direkt vor dem Stadtzentrum erstreckt, fällt flach ins Meer ab; man sucht vergeblich nach den andernorts üblichen Betonplatten – ideal für Kinder. Nach Sonnenuntergang spielt sich das touristische Leben an der von alten Bäumen gesäumten Promenade ab. In solchen Momenten nimmt man sogar in Kauf, dass Crikvenica ein historisches Zentrum mit schmalen Gassen und stillen Winkeln fehlt …

Hotels/andere Unterkünfte

Das Angebot ist in allen Kategorien breit gefächert. Wer nicht im oftmals lauten Zentrum wohnen möchte, weicht besser auf die nordwestlich gelegenen Vororte Kačjak und Dramalj aus.

Kaštel M
Gute Adresse hinter alten Klostermauern; nahe des Stadtzentrums und direkt am Meer gelegen. Ulica Frankopan 22; Tel. 51/24 10 44, Fax 24 14 90; 146 Betten
★★ AmEx DINERS EURO

Campingplatz Kačjak
Etwa 5 km von Crikvenica entfernt und nur von Mai bis September geöffnet.

Der Hafen von Crikvenica – ein »Muss« für Segler und Robinson-Urlauber beim täglichen Abendspaziergang.

Kačjak b. b., Dramalj; Tel. 51/7 86-2 50,
Fax 51/7 86-2 62

Crikvenica-Tourist
Vermittelt **Privatzimmer** und
Appartements in und um Crikvenica.
Trg S. Radića 1; Tel. 51/24 12 49,
Fax 51/24 18 67

Spaziergang

»Immer an der Küste entlang« ist hier
das Motto. Bester Ausgangsort ist
die östliche **Marina** mit dem angren-
zenden Hotel Kaštel. Über eine kleine
Brücke erreicht man die Ulica Ivana
Skomerže, an deren Ende der **alte
Hafen** liegt. Vom Trg Stjepana Radića
lassen Sie sich am besten in aller
Ruhe durch den abendlichen Trubel
auf der Promenade **Strosmayerovo
Šetalište** treiben.

Essen und Trinken

Entlang der Promenade geht es weniger um Genüsse für den Gaumen
als ums Sehen und Gesehen werden,
und so wird eben das kulinarische
Einheitsprogramm von Pasta, Pizza
und lokaler Fischplatte für zwei Personen geboten. Wenig Abwechslung
in diesem Einerlei bieten auch die
Restaurants der großen Hotels, die
ihre Tische unter schattigen Bäumen
decken. Crikvenica ist für seine guten
Weine bekannt: Zum Essen sollte
also ein lokaler Tropfen gehören.

Moslavina
Fischrestaurant in der Nähe des
Hotels Therapia; etwas nordwestlich
vom Zentrum gelegen.
Tel. 51/78 34 56 ★★

Taverne International
Wie der Name schon sagt: In die-
ser Hotel-Taverne im Zentrum von
Crikvenica gibt's internationale
Küche.
Nur Hotel: Tel. 51/24 13 24 ★★

Am Abend

Zahlreiche Hotels bieten Tanz zu
Livemusik. Um den Trg Stjepana
Radića befinden sich einige Bars.

Diskothek Phoenix
In-Treff im Hotel International.
Tel. 51/24 18 80; tgl. 22–4 Uhr (nur im
Sommer); Eintritt: 3,50 €

Service

Tourismusverband Crikvenica
Trg Stjepana Radića 2/II,
51260 Crikvenica; Tel. 51/24 12 49,
Fax 51/24 18 67

Ziele in der Umgebung

Novi Vinodolski ■ B 6, S. 118

Das Zentrum des einstigen Fürstentums von Vinodol liegt auf einem
kleinen Hügel. In den Geschichtsan-
nalen des Landes steht der Ort seit
dem 6. Januar 1298: Damals wurde
im Kastell das »Vinodoler Gesetz-
buch« verabschiedet, das fortan die
Rechte der Landpächter gegenüber
den Feudalherren schützen sollte.
Das Gesetzeswerk gilt als eines der
ältesten Werke seiner Art. Leider
wird das Original in Zagreb aufbewahrt, der Abstecher in das **Volks-
museum** im Kastell lohnt aber trotzdem. Auch wenn Crikvenica (10 km
entfernt) »Novi« touristisch längst
den Rang abgelaufen hat – der Ort
hat seine eigenen Reize. Die
sehenswerte **Altstadt** mit maleri-
schem Marktplatz wird vom 36 m hohen Turm der Pfarrkirche überragt.

Hotels/andere Unterkünfte

Hotel Lisanj
Mit eigenem Strand – und dement-
sprechendem Preisniveau.
Tel. 51/24 40 02, Fax 24 43 29 ★★

Plitvicer Seen ■ F 7, S. 119

Eigentlich gehört der bekannte Nationalpark nicht mehr zur Region Istrien. Dennoch: Auf dem 300 qkm großen Gebiet breitet sich ein einmaliges Naturschauspiel aus. Und damit sind die Plitwitzer Seen auch für Istrien-Besucher eine Sehenswürdigkeit, die man sich nicht entgehen lassen sollte.

Wie auf einer Perlenkette reihen sich im Hinterland der Adriaküste 16 Karstterrassen aneinander. Das Wasser des Flusses Plitvica »stürzt« auf einer Länge von knapp 7 km rund 156 m in die Tiefe. Umgeben werden die »Wasserspiele« von bizarren Kalkfelsen, dichten Wäldern und üppigem Grün.

Am eindrucksvollsten ist ein Besuch am frühen Morgen oder am späten Abend, wenn mediterrane Sonne die Landschaft in mildes Licht taucht und vom Massentourismus weniger zu spüren ist. Die meisten Besucher kommen jedoch auf einem der zahlreichen Tagesausflüge zu den Plitwitzer Seen. Vom Küstenort Senj sind es rund 90 Kilometer.

Je nach Belieben und Kondition lässt sich die Landschaft zu Fuß auf Holzstegen, mit dem Elektroboot oder mit einer Panoramabahn erkunden. Zudem bietet die Parkverwaltung geführte Wanderungen an. Auf eine Abkühlung müssen die Gäste jedoch verzichten. Es gilt: Baden verboten! In der Saison beträgt der Eintritt ca. 4,5 € (3 € für Kinder).

Allzu überschwänglichen Erwartungen an ein unberührtes Naturerlebnis muss jedoch etwas Einhalt geboten werden: Der Ansturm der (Tages-)Pauschalbesucher hat deutliche Spuren in der Natur hinterlassen. Wer die Plitwitzer Seen mit etwas Ruhe genießen will, sollte deshalb eine Übernachtung im Nationalpark einplanen.

Als Alternativen bieten sich das Hotel Jezero (Tel. 0 53/75 14 00 ★★★) im Luxus-Bereich an, oder man nächtigt im Hotel Bellevue (Tel. 0 53/75 17 00 ★★) etwas preiswerter.

Selce ■ B 6, S. 118

Der kleine Hafen liegt 4 km südöstlich von Crikvenica. Sehenswert ist die kleine Pfarrkirche St. Katharina aus dem Jahre 1498.

Essen und Trinken

Taverne Hotel Selce
Internationale Küche serviert das Lokal im Zentrum.
I. J. Tominicica; Tel. und Fax 51/24 15 22 ★★

In Novi Vinodolski wird Geschichte lebendig: Der Turm ist ein Rest des alten Kastells, das einst Mittelpunkt des Fürstentums Vinodol war.

Im Meer baden kann man nicht – dafür aber vielleicht im Casino sein Glück machen: Gesundheit und Geld bestimmen den Urlaub im ältesten Kurort Kroatiens.

Opatija

■ E 2, S. 117

30 000 Einwohner

Noch vor einigen Jahren drohten in Opatija die Lichter auszugehen: Das Flair österreichischer Kaiserherrlichkeit lockte kaum noch junge Touristen in den ältesten Kurort Kroatiens.

Dem Grundstein für den Tourismus, der 1844 errichteten Villa Angiolina, drohte das Vergessen. Mit der Eigenstaatlichkeit im Jahre 1990 und dem zunehmenden westlichen Einfluss bahnt sich jedoch ein Wandel an. Eine gute Hotel-Infrastruktur, mildes Klima während des ganzen Jahres sowie abwechslungsreiches Nightlife mit Casinos und Diskotheken lässt den Charme der Vergangenheit in neuem Glanz erscheinen. Vor allem junge Italiener entdecken den Ort wieder neu, da es in puncto Shopping in Istrien kaum etwas Vergleichbares gibt.

Für Familien ist Opatija allerdings nicht mehr als ein Stop-over auf dem Weg entlang der Küste, zumal gute Strände fehlen und das Wasser auch nicht das sauberste ist – beim Blick Richtung Horizont weiß man warum: Es grüßt die Großstadt Rijeka mit ihren Industrieanlagen ...

Die überzeugten Opatija-Fans stört dies alles aber wenig, denn zum Baden in der Kvarner Bucht sind sie sowieso nicht gekommen. Schließlich verfügen die meisten Hotels über einen eigenen Swimmingpool – bei den hohen Übernachtungspreisen in Opatija kann man das auch erwarten.

Wo sich heute Touristen über die Hauptstraße Maršala Tita und auf der belebten Uferpromenade drängen, lebten einst Benediktiner-Mönche in aller Abgeschiedenheit. Ihrer Abtei aus dem 15. Jh. verdankt Opatija zwar den Namen, den Grundstein des touristischen Erfolgs legten allerdings die Herren der Wiener Südbahn: Sie erweiterten im Jahre 1873 die Strecke Wien–Triest um eine Abzweigung bis nach Rijeka.

Ermuntert durch diesen Anschluss, eröffnete im Jahre 1883 mit dem »Quarnero« das erste Hotel der östlichen Adria. Das milde Winterklima unterhalb des Učka-Gebirges lockte die kälte-geplagten Wiener in das 1889 zum Kurort erklärte Opatija. Und als sich im Frühjahr 1894 Kaiser Franz Joseph von Österreich hier mit dem deutschen Kaiser Wilhelm II. traf, war es für die Schickeria von damals klar: Zum Überwintern fahren wir an die Kvarner Bucht!

Ein Hauch dieser mondänen Zeit von damals hat sich im Stadtbild von Opatija erhalten. Und viele Anzeichen sprechen dafür, dass es in den nächsten Jahren zu einem Comeback kommen könnte. Vor allem, weil die bestehenden Kureinrichtungen modernisiert werden – und Opatija mit dem Glücksspiel lockt.

Schmuckstück: Die Patriziervilla Angiolina beherbergte schon die österreichische Kaiserin Maria Anna. Das Gebäude ist von einem herrlichen Park umgeben (→ S. 32).

Dabei standen Casinos anfangs unter einem eher ungünstigen Stern: Von der ersten illegalen »Spielhölle« in einem Keller erfuhren die geschockten Einwohner erst im Abschiedsbrief einer Urlauberin: Sie hatte ihr ganzes Vermögen verspielt und beging aus Verzweiflung Selbstmord. Mittlerweile sind zwar die Gewinnchancen nicht gestiegen, aber man kann nun schon längst ganz legal sein Hab und Gut aufs Spiel setzen.

Hotels/andere Unterkünfte

Das Angebot ist geprägt von Hotels der gehobenen Kategorie. Familienfreundliche Ferienhotels sind kaum zu finden.

Grand Hotel Adriatic
Ein breites Unterhaltungsangebot – vom Night Club »Camelia« bis zum »Casino Opatija« – offeriert dieses relativ neue Hotel.
Maršala Tita 256; Tel. 51/71 90 00, 71 90 10, Fax 71 90 15; 566 Betten
★ ★ ★ AmEx DINERS EURO VISA

Kvarner-Amalia M
Ideal für Nostalgiker – direkt am Meer gelegen und bereits 1884 eröffnet. Hier spürt man auch heute noch den Charme der Jahrhundertwende (→ Bild S. 12/13).
Park 1. svibnja 4; Tel. 51/27 12 33, Fax 27 12 02; 162 Betten
★ ★ ★ AmEx DINERS EURO VISA

Touristenagentur Kompas
Vermittelt Privatzimmer und Appartements.
Maršala Tita 170; Tel. 51/27 19 12, Fax 27 11 73

Spaziergang

Üppige Vegetation und nostalgische K.u.K.-Fassaden, Souvenirstände und öffentliche Strandabschnitte, stille Gärten und belebte Plätze – es sind die Kontraste, die den 12 km langen Wanderweg **Lungomare** zwischen Volosko und Lovran so reizvoll machen.

Sehenswertes

Villa Angiolina
Der Patrizier Iginio Scarpa ließ im Jahre 1844 die nach seiner Frau benannte Villa als Ferienhaus an der Küste einrichten. Das mit vergoldeter Schnitzerei geschmückte Gebäude ist von einem sehr gepflegten Garten umgeben, in dem zahlreiche exotische Pflanzen wachsen, die Seefahrer für Scarpa mit in seine Heimatstadt Rijeka brachten. Dieser kleine Park ist ein idealer Platz, um sich vom eher hektischen Treiben auf der Maršala Tita zu erholen.

Essen und Trinken

Meist begibt man sich in den großen Hotels zu Tisch, da sie in den angeschlossenen Restaurants über das beste Angebot verfügen. Wählt man ein gutes Restaurant außerhalb, muss für ein Abendessen für zwei Personen über 50 € einkalkuliert werden; oft kommt noch ein Gedeckzuschlag hinzu.

Amfora
Fischspezialitäten in Volosko, 3 km nördlich von Opatija.
Črinkovica bb; Tel. 51/27 16 93
★ ★ AmEx DINERS EURO

Ariston
Entspannte Atmosphäre zu verträglichen Preisen.
Villa Ariston, Maršala Tita 243;
Tel. 51/27 13 79 ★ ★ ★
AmEx DINERS EURO VISA

Bevanda
Internationale Küche im Zentrum.
Maršala Tita 62; Tel. 51/27 10 19
★ ★

Oben: Muscheln sind beliebte Souvenirs in Opatija.

Mitte: Die Promenade des Kurortes Opatija an der Kvarner Riviera lädt wie eh und je zum Flanieren ein.

Unten: Auf dem lebhaften, bunten Markt in Rijeka können Sie sich noch mit frischem Obst versorgen, bevor Sie zur Weiterfahrt in den Süden starten (→ S. 36).

Einkaufen

Was das Touristen-Herz begehrt, gibt es – natürlich wieder an der **Maršala Tita**. Wer sich noch nicht mit handgehäkelten Tischdecken eingedeckt hat, sollte es auch in Opatija nicht tun: Die Verkäuferinnen haben ihr Angebot dem allgemein hohen Preisniveau angepasst.

Am Abend

Das Nachtleben spielt sich in erster Linie in den Hotels entlang der Maršala Tita ab: Entweder rollt die Kugel in einem der Casinos, oder man bittet zum Tanz.

In den vergangenen Jahren hat sich Opatija zum Szene-Treff an der Mittelmeerküste entwickelt. Dabei umwerben ständig wechselnde Diskotheken und In-Treffs immer stärker (und erfolgreich) die junge Klientel.

Casino Villa Rosalia
Eigentlich schon so etwas wie eine Institution in der Stadt – ob dieser Ruf die Gewinnchancen erhöht, ist allerdings unbekannt ...
Maršala Tita 91; Tel. 51/27 20 11

Club 72
Disko im Hotel Jadran.
Maršala Tita 193; Tel. 51/27 17 00

Lady Madonna
Diskothek in der Villa Madonna.
Maršala Tita 203

Palladium
Internationale Top-Hits bis 3 Uhr früh.
Riječka cesta 6; Tel. 51/62 19 90

Service

Tourismusverband Opatija
Maršala Tita 183, 51410 Opatija;
Tel. 51/27 13 10, Fax 71 22 90

Ziele in der Umgebung

Ičići ■ E 2, S. 117

Der kleine Fischerhafen schließt sich – Richtung Süden – direkt an Opatija an. Wer's kulinarisch mag, genießt Fisch am Hafen. Wer lieber aktiv unterwegs ist, kann sich zwischen Ausflügen ins Učka-Gebirge oder dem Wanderweg Lungomare entscheiden.

Hotels/andere Unterkünfte

Ičići
Ohne Konkurrenz in dem kleinen Ort.
Tel. 51/27 11 99, Fax 27 10 21;
182 Betten ★ ★ AmEx DINERS EURO VISA

Service

Tourismusverband Ičići
51414 Ičići; Tel. 51/27 11 87

Ika ■ E 2, S. 117

500 Einwohner

Früher sorgte eine Bootswerft für Ruhm und Arbeit. Heute kümmert man sich in erster Linie um die zahlreichen Touristen. Will man Ika den Rücken kehren, bieten sich Trips nach Lovran und Opatija an.

Hotels/andere Unterkünfte

Ika
Ein kleines gepflegtes Haus.
Tel. 51/29 17 77, Fax 29 20 44; 35 Betten
★ ★ ★ AmEx DINERS EURO

Service

Tourismusverband Ika und Lovran
51415 Lovran; Tel. 51/29 10 41

Lovran
■ E 2, S. 117

3700 Einwohner

Der kleine Ferienort südlich von Opatija liegt unterhalb des Učka-Gebirges. Auf der Küstenfahrt zwischen Pula und Rijeka passiert man die einstige Sommerresidenz römischer Patrizier, die erstmals im 7. Jh. als Lauriana erwähnt wurde. Der Ortsname leitet sich wohl vom lateinischen Namen für Lorbeer (Laurus) ab. Ein schöner **Hafen** und eine lebendige **Altstadt** – mit der Pfarrkirche St. Georg am Stadtplatz – lohnen den Stopp – und haben Lovran auch bei Einheimischen zu einem der beliebtesten Ausflugsorte der Region gemacht. Das 1898 zum Kurort erklärte Lovran ist auch zu Fuß von Opatija aus zu erreichen: Beide Orte sind durch den rund 12 km langen Fußweg **Lungomare** miteinander verbunden. Kulinarische Berühmtheit erlangte die Gegend durch ihre hervorragenden Maronen (Esskastanien), die hier angebaut werden. Im höher gelegenen Dobrec findet jeweils ab der dritten Oktoberwoche das 14 Tage dauernde Maronen-Fest statt.

Hotels/andere Unterkünfte

Excelsior
Erste Wahl für Luxus-Urlauber.
Maršala Tita 15; Tel. 51/29 22 33,
Fax 29 19 89; 370 Betten
★ ★ ★ AmEx DINERS EURO VISA

Hotel Villa Vranješ
Pool, Tennis, Fitness, Restaurants.
A. Mikiča b.b.; Tel. 51/71 15 40,
Fax 27 21 30; 40 Betten ★ ★
AmEx DINERS EURO VISA

Am Abend

Bijou Bar
Im Hotel Excelsior in Lovran.
Marčala Tita 15; Tel. 51/29 22 33;
Eintritt: 30 Kuna

Mošćenička Draga
■ E 3, S. 117

500 Einwohner

Von dem Fischerort von einst ist nicht viel übriggeblieben. Stattdessen fallen die Urlauber im Sommer in Scharen ein. Der Grund dafür ist vor allem der schöne lange Kiesstrand. Überragt wird das Touristenzentrum von der mittelalterlichen Stadt **Mošćenice**, die über Treppen zu erreichen ist. Beide Orte bilden gemeinsam den Beginn der **Opatija Riviera**, die nach rund 30 km im Kurort Opatija endet.

Wer längere Zeit auf die Fähre zur Insel Cres warten muss, kann sich hier die Zeit gut vertreiben. Kulinarisch eignet sich dazu am besten das traditionelle und weit über den Ort bekannte Restaurant Benito, das sich vor allem durch seine Fischgerichte einen guten Ruf erworben hat.

Noch näher am Fährableger befindet sich allerdings der ebenfalls sehenswerte Ort **Brseč**.

Die Fähre vom nahen Brestova Richtung Insel Cres verkehrt ab 6.30 Uhr bis 20.30 Uhr jede Stunde und ist bis zum Ziel Porozine 30 Minuten unterwegs. Im Juli und August gibt es zusätzliche Abfahrten um 0.30, 2.30, 4.30 und 22.30 Uhr.

Hotels/andere Unterkünfte

Autocamp Mošćenička Draga
Auf der Meerseite an der Straße 2,
Pula–Rijeka; Tel. 51/73 75 23,
Fax 73 75 84 ★

Service

Tourismusverband Mošćenička Draga
51417 Mošćenička Draga;
Tel. 51/73 75 33

Rijeka

■ F 2, S. 117

200 000 Einwohner

Rijeka mit seinem bedeutenden Hafen ist eines der führenden Handelszentren Kroatiens. So wichtig die bereits zu Römerzeiten besiedelte Gegend und erstmals im 13. Jh. erwähnte Stadt wirtschaftlich auch sein mag: Rijeka bietet für Touristen wenig. Auch wenn die ständig wechselnden Herrscher der letzten Jahrhunderte starke strategische und wirtschaftliche Interessen verfolgten – ausländische Touristen passieren den Verkehrsknotenpunkt mit seinen grauen Hafenkais und zahlreichen Ölraffinerien meist unbeachtet.

Für Auto-Urlauber, die in Richtung Süden unterwegs sind, führt bisher kaum ein Weg an Rijeka vorbei; denn hier beginnt die Adria Magistrale Richtung Dubrovnik. Auch wer mit der Fähre von Italien kommt (aus allen größeren italienischen Häfen gibt es Verbindungen), betritt häufig in Rijeka das erste Mal kroatischen Boden – mit wenig Euphorie.

Reisende soll man nicht aufhalten, heißt es – und Rijeka hält sich daran. Wer sich dennoch für einen Abstecher ins Zentrum entscheidet, bekommt den Weg zu den wichtigsten Sehenswürdigkeiten zumindest gut ausgeschildert. Am besten parkt man an der **Promenade Riva** in Hafennähe. Unweit davon führt die Fußgängerzone **Korzo** durch das Stadtzentrum. Alle nennenswerten Bauwerke sind von der »Turisticka Magistrala« zu einem Stadtrundgang zusammengefasst und mit gelben Schildern gut gekennzeichnet worden.

Sehenswert sind der Stadtturm direkt am Korzo, das Stadttor aus dem 15. Jh., der Dom Sv. Marija, die Kirche des hl. Vitus sowie der Palast des Municipiums und das Alte Rathaus aus dem 16. Jh.

Etwas oberhalb des Altstadtzentrums liegen im Park V. Nazora das Naturgeschichtliche Museum und das Historische Archiv.

Wer nach dem Blick in die Vergangenheit Lust auf lebendige Gegenwart hat, der kommt auf dem bunten **Markt** an der Ulica Ivana Zajca voll auf seine Kosten. In der alten Markthalle und den Seitenstraßen am Hafen drängt sich täglich ein Stand an den anderen. Versorgt mit einheimischem Obst und Gemüse, kann man sich vom eher anstrengenden Ausflug nach Rijeka an der nahen Hafenmole erholen, ehe man zur Weiterfahrt startet.

Hotels / andere Unterkünfte

Bonavia
Zentral gelegen: die Adresse für den Fall, dass Sie eine Nacht in Rijeka verbringen wollen/müssen.
Ulica Dolac 4; Tel. 51/33 37 44,
Fax 51/33 59 69; 250 Betten
★★ AmEx DINERS EURO VISA

Service

Tourismusverband Rijeka
Uzarska 14/II, 51000 Rijeka;
Tel. 51/33 58 82, Fax 51/33 39 09

Volosko

■ E 2, S. 117

Der Fischerort schmiegt sich mit seinen Häusern an die zum Meer abfallenden Hänge des Učka-Gebirges. Erstmals im Jahre 1543 erwähnt, gehört der Ort zu den ältesten an der Opatija Riviera, die hier ebenso ihren Anfang nimmt wie der **Lungomare** Richtung Lovran (→ S. 35). Im Sommer ist der Ort Volosko auch ein beliebter Treffpunkt für kroatische Künstler.

Die Altstadt von Poreč liegt tagsüber still im Sonnenlicht. Abends erwacht das Leben in den engen Gassen, und Kulinarisches, Kunst und Kitsch sind gefragt.

Poreč
■ A 3, S. 116

22 000 Einwohner
Stadtplan → S. 39

Die richtige Zeit für Poreč? – Kurz bevor die Sonne nach einem heißen Tag am Horizont versinkt. Denn jetzt können die Besucher noch in aller Stille einen Hauch vom einstigen Flair der Stadt erleben, nun gibt es noch stille Winkel. Wenn sich allerdings die Hitze des Tages schon ganz zurückgezogen hat und Dunkelheit langsam die Oberhand gewinnt, dann werden die Gassen bald zu belebten Boulevards, die an der gesamten istrischen Mittelmeerküste vergeblich ihresgleichen suchen. In Restaurants, Bars und Eisdielen gibt es nun kaum mehr einen freien Platz – Besucher sollten sich darauf einstellen. Die meisten kommen zu Fuß aus den nahen Touristenhotels. Wer aber mit dem Auto aus der Umgebung das nächtliche Poreč besucht – übrigens lohnt auch der etwas weitere Abstecher von Rovinj aus –, sollte auf jeden Fall den großen Parkplatz im Stadtzentrum ansteuern. Bis zum hektischen Nightlife-Treiben sind es von hier nur wenige Minuten – und außerdem führt der Weg am Wasser entlang. Hier befinden sich auch einige Eisdielen, in denen sich der nächtliche Ausflug bereits ein wenig versüßen lässt.

Kunst und Kitsch bestimmen das Bild auf der Hauptgasse **Decumanus,** deren Kopfsteinpflaster noch immer einen Hauch römischer Geschichte wachruft: Im 2. Jh. erlebte die damalige römische Kolonie Julia Parentium ihre erste Blütezeit. Später wechselten die Herrscher beständig: Franken, Venezianer, Österreicher. Heute hat sich der Ort ganz dem Tourismus »unterworfen«. Erst am **Trg Marafor** – einst das römische Forum – hat der Besucher Maler und Scherenschnittvirtuosen, T-Shirt-Verkäufer und Postkartenhändler hinter sich gelassen. Man genießt die Stille, die sich auf dem Weg durch schmale Gassen Richtung Meer fortsetzt. Tagsüber lohnt sich von hier aus der Abstecher auf die vorgelagerte Insel **Sv. Nikola** als erfrischender Abstecher. Es gibt einige schöne Strandabschnitte, teilweise mit FKK-Bademöglichkeit.

Am **Hafen** entlang der Obala maršala Tita gewinnt das hektische Treiben und die Musik erneut die Oberhand. Doch auch hier zeigt Poreč seine Stärken: Obwohl der Ort zu den touristischen Zentren Istriens gehört, hat sich die Altstadt den Charme der Vergangenheit erhalten. So ist der Blick vom Turm der **Euphrasius-Basilika** über die roten Dächer der Altstadt im wahrsten Sinn des Wortes ein Höhepunkt.

Hier kann man für einen Moment das hektische Treiben auf den Gassen vergessen. Nur leise dringen die Stimmen der Passanten und Souvenirverkäufer nach oben. Stattdessen geht der Blick in aller Stille über istrische Küste. Langsam ziehen Fischer ihre Kreise durch das Wasser, und die untergehende Sonne leuchtet dunkelrot über dem Meer.

Obwohl rund um Poreč touristische Betriebe mit über 245 000 Betten (istrischer Rekord) auf Gäste warten, kann man den Ort tagsüber noch ohne größere Menschenansammlungen genießen. Der Grund: Mit **Plava** und **Zelena Laguna** (»Blaue und Grüne Laguna«) liegen die beiden großen Touristenanziehungspunkte in einiger Entfernung vom Altstadtkern – weit genug, um den Charme von Poreč nicht zu zerstören, und trotzdem nah genug, um mit einem gemütlichen Spaziergang erreichbar zu sein.

Seine Mischung aus Touristenzentrum und lebendigem Hort der Vergangenheit ist das Erfolgsrezept von Poreč, das vor allem jüngeres und sportlich-aktives Publikum anzieht.

Auch wenn Sie nicht in der Nähe von Poreč wohnen: Ganz sollte sich kein Istrien-Urlauber dem Reiz des Ortes entziehen.

Hotels/andere Unterkünfte

Kein anderer Touristenort in Istrien bietet ein ähnlich großes Angebot an Unterkünften. Zentren sind vor allem die Ferienanlagen Plava Laguna und Zelena Laguna südlich von Poreč sowie im Norden Lanterna; es gilt ein allgemein hohes Preisniveau.

Aparthotel Isabela M
Idyllisch auf der Insel Sveta Nikola vor der Küste gelegen; ideal für Ruhesuchende und Romantiker. Fährverbindung von der Altstadt aus (nahe Hotel Riviera).
Tel. 52/45 17 22, Fax 45 11 19; 30 Betten
★ ★ ★ AmEx DINERS EURO

Galijot
2 km südlich von Poreč im lebhaften Touristenzentrum von Plava Laguna gelegen.
Tel. 52/45 18 77, Fax 45 23 99; 182 Betten
★ ★ ★ EURO VISA

Naturist Center Ulika
Reiner FKK-Platz mit 2,5 km langem Strand, 7 km nördlich von Poreč gelegen; gute sanitäre Einrichtungen.
Tel. 52/43 63 25, Fax 43 63 52 ★

Parentium
Hotel 5 km südlich von Poreč in Zelena Laguna.
Tel. 52/41 15 00, Fax 45 15 36; 675 Betten
★ ★ ★ AmEx DINERS EURO VISA

Die **Tourist-Agentur Adriatic** vermittelt zahlreiche **Privatzimmer** und **Appartments** der Unteren Preisklasse in und um Poreč.
Trg Slobode 2 a; Tel. 52/43 12 33

Spaziergang

Wie für alle istrischen Küstenorte gilt das Motto: Lassen Sie sich treiben! In Poreč sorgt dabei der Wechsel zwischen Geschichte und Gegenwart für Faszination.

Die meisten Besucher werden am großen Parkplatz vor der autofreien Altstadtzone beginnen, zumal die eigene Suche nach einem Parkplatz kaum lohnt. Am besten, man nähert sich der Stadt mit der ruhigen Variante. Vom **Trg slobode** sollte man deshalb nur wenige Schritte auf der »Hauptstraße« Decumanus entlanggehen, stattdessen aber nach kurzer Zeit rechts in die Ulica Eufrazijeva abbiegen und mit der Besichtigung der bedeutenden **Euphrasius-Basilika** beginnen. Anschließend folgt man der Gasse weiter, und vorbei am alten Istrischen Landtag – hier befand sich früher die Franziskanerkirche Sveta Franje – gelangt man zur Obala Matka Laginje, die an der Küste entlang zum **Hafen** führt.

Gegenüber dem Hotel Riviera gelangen Sie über die Ulica E. Kumičića wieder in die Vergangenheit: Am Trg Marafor sind die Überreste zweier römischer Tempel zu sehen. Hier stehen Sie am Ende der bereits erwähnten **Decumanus,** die Sie anschließend mitten in das touristische Leben des Ortes zurückführt. Wer sich nicht auf der ganzen Länge über den lebhaften Boulevard drängen will, der kann nach kurzer Zeit am **Maximus Cardo,** der zweiten wichtigen Straße aus der Römerzeit, nach rechts abbiegen: Sie führt über den kleinen Souvenirmarkt am Trg M. Gupca wieder zum etwas ruhigeren Hafen. Beim Narodni trg am **Runden**

Turm ist man bereits wieder nahe dem Ausgangspunkt.

Sehenswertes

Euphrasius-Basilika ■ b 1

Das im 6. Jh. errichtete Gebäude wird zu den bedeutendsten Bauwerken byzantinischer Mosaikkunst in ganz Kroatien gerechnet. Der Blick geht deshalb nach oben – zumindest in der Basilika: Die farben-

prächtigen **Mosaiken** erinnern stark an das italienische Ravenna.

Gewidmet ist die Basilika der Jungfrau Maria und dem hl. Maurus, der im 3. Jh. in Poreč der Christenverfolgung zum Opfer fiel. Auf diese Zeit geht auch ein Mosaikfußboden in einem Innenhof links vom Hochaltar zurück. Wahrscheinlich stand hier einst eine römische Villa. Von der ersten Basilika, etwa aus dem Anfang des 5. Jh., sind ebenfalls nur noch einige Überreste zu sehen. Das jetzt zu besichtigende Bauwerk geht auf eine Initiative des Bischofs Euphrasius von Poreč zurück. Auf der rechten Seite des Atriums liegt die dreischiffige Basilika mit den hervorragenden Mosaiken der Apsis: Sie zeigen u. a. in der Mitte Maria mit Kind auf einem Thron sitzend; daneben hält Bischof Euphrasius ein Modell seiner Kirche in Händen. Auf der rechten Seite erkennt man u. a. den hl. Eleutherius, dessen sterbliche Überreste in der Basilika aufgebahrt sind. Die Triumphbogen-Wand ziert die Darstellung von Christus mit je sechs Jüngern zu beiden Seiten.

Verlässt man die Basilika und orientiert sich im Atrium auf die linke Seite, so erreicht man die **Taufkapelle** und den aus dem 16. Jh. stammenden **Glockenturm**. Seine Besteigung ist ein Muss für Poreč-Besucher und die Krönung der Besichtigung.

Trg Marafor　　　　　　■ a 1

Der Platz am Ende der Hauptgeschäftsstraße Decumanus wird umgeben von den Ruinen zweier römischer Tempel. Im Gassengewirr der Altstadt kann man hier eine für Poreč ungewohnte Weite erleben.

Museen

Heimatmuseum　　　　　　■ b 1–2

Untergebracht im sehenswerten Palast Sincic an der Decumanus, bietet das Heimatmuseum einen guten Einblick in Geschichte und Entwicklung der Region.
Decumanus/Ecke Ulica Eleuterija; tgl. 9–22 Uhr; Eintritt: 4 Kuna

Essen und Trinken

Kein Weg führt an einer der zahlreichen Eisdielen in der Altstadt vorbei. Oftmals zeigen sich die Verkäufer als wahre Künstler – und präsentieren den Verkauf als Show, die die Kunden in Scharen anzieht.

Bar Kula　　　　　　■ b 2

Auf dem Dach des Runden Turms direkt am Hafen lässt sich der Abend hervorragend mit Cocktails und schönem Panoramablick beenden.
Narodni trg

Pizzeria Peterokutna Kula M　　■ c 2

Modernes Ambiente in den alten Gemäuern des Fünfeckigen Turmes. Der schönste Platz ist auf der Terrasse oberhalb der lärmenden Decumanus!
Decumanus/Ecke Ulica V. Nazóva ★★

Dvi Murve

2 km von Stadtzentrum entfernt, aber der Weg lohnt: frische Fische aus der Kvarner Bucht, erlesene Weinkarte. Mit 220 Plätzen ist das Lokal allerdings etwas zu groß geraten.
Groznjanska 17; Tel. 52/43 41 15, Fax 43 41 84 ★★★ AmEx DINERS

In den schmalen Gassen von Poreč – eine ehemalige römische Kolonie – werben unzählige kleine Läden, fliegende Händler, Porträtmaler und Eisverkäufer um die Gunst der einheimischen und ausländischen Besucher.

Istra
Fischers frische Fische – aus dem
Backofen oder pikant gegart.
B. Milanovica 30; Tel. 52/43 46 36,
Fax 45 14 82 ★ ★ AmEx DINERS

Nostromo
Schönes Ambiente und gute Fisch-
Spezialitäten (Fisch im Salz!)
Marina Parentium; Tel. 52/45 19 17,
Fax 45 22 12 ★ ★ ★ DINERS EURO VISA

Einkaufen

Entlang der **Decumanus** finden Sie
alles, was das Herz begehrt. Besonders beliebt: Juwelierläden mit Filig-
ranarbeiten und die in Minuten-
schnelle angefertigten Scherenschnitte der Straßenkünstler.

Am Abend

Casino Hotel Parentium
Wer sein Glück versuchen will,
sollte das Hotel südlich von Poreč
ansteuern.
Zelena Laguna; Tel. 52/41 15 00

Diskothek Capitol
Musik mit aktuellen Top-Hits für
ein überwiegend junges Publikum;
direkt am Hafen. Ab 22 Uhr.

International Club
Die bekannte Diskothek ist noch
immer unbestrittenes Highlight in
der Poreč-Szene; sie liegt in Zelena
Laguna, also rund 5 km südlich
vom Stadtzentrum.

Service

Marina Parentium ■ c 2
52440 Poreč, Trg slobode 2a;
Tel. 45 22 10, Fax 45 22 12

Tourismusverband Poreč ■ d 2
Zagrebačka 9, 52440 Poreč;
Tel. 52/45 12 93, Fax 52/45 16 65;
Internet: www.istra.com/porec

Ziele in der Umgebung

Motovun ■ B 2, S. 116

600 Einwohner

Ein Muss bei einem Trip durchs Landesinnere! Im Mittelpunkt des 288 m
hoch gelegenen Ortes ragt die **Pfarrkirche Sv. Stefan** auf. Oberhalb
der bis zu 15 m hohen und gut
erhaltenen Stadtmauer gibt es einige
Cafés. Von hier aus hat der Besucher
einen herrlichen Blick auf die hügelige Landschaft Istriens. Das Dorf ist
für den PKW-Verkehr gesperrt. Am
besten parkt man bereits auf dem
ersten der nummerierten und ausgeschilderten Parkplätze. Ansonsten
kann es vor den engen Gassen schnell
zu Rangierproblemen kommen.

Hotels/andere Unterkünfte

Kaštel
Uriges Hotel im alten Ortskern.
52424 Motovun; Tel. 52/68 17 35,
Fax 52/68 16 52; 62 Betten ★ ★
EURO VISA

Essen und Trinken

Mcotic
Die Küche stimmt (Trüffel in der Sai-
son), dazu ein typisches Ambiente
und gute Weine.
Zadrugarska 19; Tel. und Fax 52/68 17 58
★ ★ DINERS EURO

Novigrad ■ A 2, S. 116

2600 Einwohner

Entstehung und Aufstieg verdankt
das antike Enomia seinem geschützten Hafen, den die Römer unter dem
Namen Civitas Novum befestigten.
Die Seefahrer von einst sind längst
verschwunden, erhalten hat sich jedoch die mittelalterliche Stimmung.
Das abendliche Treiben spielt sich
am Hafen und unterhalb der sehenswerten Pfarrkirche ab.

Oben: Schon von weitem sichtbar ist Motovun, das mittelalterliche Dorf auf einem Hügel. Auf einem Spaziergang können Sie entlang der mächtigen Stadtmauer den unbedingt sehenswerten Ort erkunden (→ S. 42).

Mitte: Ein Blick über die roten Dächer von Poreč – kurz vor Sonnenuntergang – gehört zu den Highlights, auf den Sie bei der Stadtbesichtigung nicht verzichten sollten.

Unten: Die herrlichen byzantinischen Mosaiken der Euphrasius-Basilika erinnern stark an das italienische Ravenna.

Reizvoll ist auch der Abstecher ins Landesinnere nach **Grožnjan** (23 km). Seine Stadtmauern, das Stadttor sowie die barocke Pfarrkirche dienen Künstlern, die im Sommer hier leben, als stimmungsvolle Ausstellungskulisse.

Hotels/andere Unterkünfte

Cittar
Familienhotel direkt in der Altstadt Novigrads.
Ulica Rotonda; Tel. und Fax 52/75 77 37; 36 Betten ★★

Service

Marina Novigrad
Tel. 52/75 70 77, Fax 75 73 14

Tourismusverband Novigrad
52466 Novigrad, Porporella 1;
Tel. und Fax 52/75 70 75

MERIAN-Tipp

Kirchen-Konzerte in Poreč In den Sommermonaten werden in der Euphrasius-Basilika regelmäßig klassische Konzerte gegeben. Meist treten auch international bekannte kroatische Künstler auf. Beginn der Veranstaltungen ist gegen 21 Uhr; Eintrittskarten werden etwa eine Stunde vorher am Eingangstor zur Basilika verkauft. Wer etwas früher da ist, sollte in aller Ruhe den Kirchturm neben der Basilika erklimmen: Der Blick über das abendliche Poreč und die Küste bei Sonnenuntergang ist die ideale Einstimmung auf den Konzertabend. ■ b 1, S. 39

Umag ■ A 2, S. 116

5000 Einwohner

Der geschichtsträchtige Ort, dessen Ursprünge in die Römerzeit zurückreichen, liegt im Norden Istriens und gehört zu den wichtigsten Touristenzentren der Region. Sehenswert ist die auf einer kleinen Halbinsel gelegene **Altstadt**: Im Mittelpunkt stehen die Kirchen Mariä Himmelfahrt und die des hl. Pelegrin.

Einen guten Ruf haben die Weine aus den Anbaugebieten in der Umgebung. Am stimmungsvollsten genießt man sie in einer der Weinstuben der Altstadt. Die wichtigen Touristenzentren **Punta, Stella Maris** und **Katoro** liegen als nördlich von Umag.

Wer das Landesinnere kennen lernen möchte, sollte am besten einen Abstecher nach **Buje** einplanen, dessen Stadtkern von engen Gassen durchzogen wird. Am Stadtplatz steht ein gotischer Palast aus dem 15. Jh. Sehenswert auch die Pfarrkirche Sv. Servolo und einige schöne Patrizierhäuser.

Hotels/andere Unterkünfte

Aurora
3 km von Umag entfernt in einem Pinienwald direkt am Meer gelegen.
Touristenzentrum Katoro;
Tel. 52/74 13 46, Fax 74 12 89;
420 Betten ★★

Service

Marina ACI Umag
Tel. 52/74 10 66, Fax 74 11 66

Tourismusverband Umag
Obala J.B. Tita 3/2, 52470 Umag;
Tel. 52/74 13 63, Fax 74 16 49;
Internet: www.istra.com/umag,
E-Mail: tzumag@istra.com

Vrsar   ■ A 3, S. 116

1700 Einwohner

Auf halbem Weg zwischen Poreč und Rovinj hat sich der Ort touristisch etabliert. Ob es daran liegt, dass hier einst Casanova geflirtet hat, ist fraglich. Eher könnte man den Erfolg von Vrsar auf die gute Mischung zwischen touristischer Infrastruktur und einem Hauch Vergangenheit zurückführen.

In der Antike wurde der Ort unter dem Namen Ursera bekannt. Auf dem Berg über dem Ort liegt die Pfarrkirche des hl. Martin, die man mit mediterraner Gemütlichkeit errichtete: Die Bauzeit erstreckte sich von 1804 bis ins Jahr 1935 – und der Glockenturm wurde erst vor kurzer Zeit fertig gestellt. Unweit davon befinden sich die Überreste des ehemaligen Kastells, einst der Bischofssitz. An den engen Gassen liegen außerdem einige schöne alte Häuser. Früher konnte man durch zahlreiche Tore in die Stadt gehen. Heute sind von diesem Stück Geschichte nur das kleine Tor und das Hauptstadttor erhalten geblieben, in dessen Nähe auch die Kirche der hl. Foska liegt.

Der touristischen Hektik am Hafen kann man mit einem lohnenden Bootstrip entfliehen: Vor der Küste treiben einige kleine Inseln im Meer, die einen schönen Tagesausflug lohnen. Am besten mietet man sich ein Boot im Hafen, setzt die kurze Strecke über und sucht sich einen stillen (aber leider meist felsigen) Strandabschnitt.

Hotels / andere Unterkünfte

Panorama
Nahe am Hafen in einem kleinen Pinienwald gelegen.
Tel. 52/44 13 46, Fax 44 11 22; 292 Betten
★★★ AmEx DINERS EURO VISA

Service

Tourismusverband Vrsar
R. Končara 46, 52450 Vrsar;
Tel. und Fax 52/44 11 87

Wohin soll's denn gehen? Beliebt sind Ausflüge per Schiff, wie hier von Umag aus. Das Angebot ist riesengroß.

Großstadttrubel herrscht zwischen Amphitheater und Augustustempel: Pula ist zwar ein Muss für Istrien-Besucher – aber nichts für schwache Nerven …

Pula
■ B 9, S. 120

60 000 Einwohner
Stadtplan → S. 47

Wer nach stillen Tagen an der istrischen Küste nach Pula kommt, muss sich erst an die Hektik gewöhnen. Lärmender Autoverkehr und betriebsame Geschäftigkeit regieren in der Hafen- und Industriestadt. Ruhige Plätze zwischen Hafen, Amphitheater und Augustustempel sind eine Seltenheit. Es sei denn, man kommt am Wochenende: Dann lässt sich die geschichtsträchtige Vergangenheit Pulas wesentlich stiller genießen.

Vor rund 3000 Jahren wurde »Polai« das erste Mal erwähnt. Glaubt man den altgriechischen Dichtern, so landeten Seefahrer am Ende einer erfolglosen Suche nach den Argonauten als erste Siedler auf der Halbinsel. Sie legten das Fundament für das heutige politische und wirtschaftliche Zentrum Istriens. Die wechselnden Herrscher der vergangenen Jahrtausende hinterließen ihre architektonischen Spuren im Stadtbild. Vor allem **Bauwerke der Römer**, die unter Kaiser Augustus über Pula herrschten, sind heute so sehr zu Anziehungspunkten geworden, dass ein Abstecher nach Pula in jedes Touristenprogramm gehört. Die Attraktivität für den Fremdenverkehr hat Pula allerdings einem Venezianer zu verdanken: Gabrielle Emo verhinderte am Ende des 16. Jh. den Abbau und die Verschiffung des Amphitheaters nach Venedig.

Trotz der langen Geschichte Pulas: Meist reicht ein Nachmittag für den Stadtrundgang – danach sehnt man sich wieder zurück in die natürliche Stille entlang der Küste. Doch keine Sorge, wenn auf Ihrem Ticket »Pula« als Zielort steht: Wer als Urlauber kommt, steuert die Umgebung an und übernachtet in den Ferienzentren **Medulin** – mit den besten Stränden der Gegend –, auf der Halbinsel **Premantura** oder im nahe gelegenen, aber zum Baden nicht unbedingt geeigneten **Verudela**.

Hotels / andere Unterkünfte

Belvedere 👥👥　　　■ B 9, S. 120
Direkt an der Küste gelegenes Hotel in Medulin; wegen seines umfangreichen Sportangebots sehr beliebt.
Tel. 52/57 66 17, Fax 52/57 69 29;
898 Betten ★ ★ AmEx DINERS EURO VISA

Riviera　　　■ c 1
Nostalgischer Bau aus dem Jahre 1908, nahe des Amphitheaters; bislang die beste Adresse, wenn man in Pula selbst übernachten muss.
Splitska 1; Tel. und Fax 52/21 11 66;
326 Betten ★ ★ AmEx DINERS EURO VISA

Valsabbion
Modernes Haus, geschmackvoll eingerichtet. Das hauseigene Restaurant (★ ★ ★) gehört seit Jahren zu den Top-Adressen Istriens (→ S. 49). Pjescana uvala IX/26 (direkt neben Marina Veruda); Tel. und Fax 52/21 80 33;
E-Mail: valsabbion@yahoo.com,
Internet: www.valsabbion.com
★ ★ ★ AmEx DINERS EURO VISA

Autocamp Stoja   südwestlich ■ a 3
Auf einer kleinen Insel im Westen
der Stadt gelegener Campingplatz;
rund 3 km vom Zentrum entfernt;
mit 2,5 km langem Felsstrand.
Stoja bei Pula; Tel. 52/2 41 44, Fax 2 17 48
AmEx DINERS EURO VISA

Camping Stupice   ■ B 9, S. 120
Liegt rund 12 km entfernt von Pula;
kleiner Felsstrand.
Premantura; Tel. 52/57 51 11, Fax 57 54 11
AmEx DINERS EURO VISA

Nudo-Camp Kažela   ■ B 9, S. 120
Etwa 2 km südlich vom Zentrum des
Ortes Medulin entfernter Camping-

platz mit langem Felsstrand – Nudisten vorbehalten.
Medulin; Tel. und Fax 52/57 60 50

[AmEx] [DINERS] [EURO] [VISA]

Spaziergang

Idealer Ausgangspunkt für die Erkundung von Pula ist das **Amphitheater**, da sich in der Nähe auch zahlreiche Parkplätze (gebührenpflichtig) befinden. Nach der Besichtigung des imposanten Bauwerks empfiehlt sich eine Erfrischung in einem der Cafés unterhalb des riesigen Ovals, ehe man ins Stadtzentrum aufbricht.

Am **Hafen** entlang erreicht man nach kurzer Zeit den **Dom** aus dem 15. Jh. Anschließend folgen Sie in der Fußgängerzone der Ringstraße Ulica I. G. Kovačića, die zum **Trg Republike** führt, dem einstigen Forum und historischen Herzstück der Stadt.

Hier ist ein idealer Ort für einen erneuten Stopp, ehe Sie auf der Ulica Prvog Maja (im Haus Nr. 16 befindet sich ein hervorragend erhaltenes römisches Mosaik aus dem 2. Jh.) zum **Triumphbogen** der Sergier, einem der ehemals zehn Stadttore Pulas, gelangen.

Auf der breiten, von Bäumen gesäumten Promenade Giardini erreicht man die Ulica Mate Balote mit dem **Herkulestor** und dem **Doppeltor** (Porta Gemina) auf der linken Seite. Hier befindet sich auch das Archäologische Museum. Nach wenigen Minuten kommt man wieder zum Ausgangspunkt am Hafen zurück.

Sehenswertes

Amphitheater ■ c 2
Ein Muss für Pula-Besucher: 33 m hoch ragt das Bauwerk auf. Mit einer Arenafläche von 132 x 105 m ist es das fünftgrößte Amphitheater der Welt. Bereits im 2. Jh. konnten hier rund 23 000 Zuschauer Gladiatoren-Wettkämpfe verfolgen. Der Blick hinter die guterhaltene Fassade bringt allerdings wenig Aufregendes: Um die Atmosphäre von damals nachzuempfinden, braucht der Besucher heute sehr viel Einfühlungsvermögen, auch wenn sich die Fremdenführer bei der Tour durch die labyrinthartigen Gänge redlich um eine Ausschmückung der Geschichte bemühen. Zu neuem Leben erwacht die Arena allerdings bei klassischen Konzerten im Sommer.
Ulica Flavijevska; tgl. 9–16 (Winter) bzw. 9–20 Uhr (Sommer); Eintritt: 14 Kuna, Kinder 7 Kuna

Trg Republike ■ a 3
Am einstigen Forum stehen der Augustus-Tempel aus dem 1. Jh. mit einer Ausstellung römischer Skulpturen, daneben die Fassade des Diana-Tempels (heute in das Rathaus der Stadt integriert) sowie einige schöne Patrizierhäuser.

Triumphbogen ■ b 4
Am Eingang zur Ulica Prvog Maja erhebt sich das Bauwerk der Sergier – in den Jahren 29 bis 27 v. Chr. errichtet. Der Bogen erinnert an den Sieg in der Schlacht bei Actium (31 v. Chr.).

Museen

Archäologisches Museum ■ b 3
Ideal als Ergänzung zum Stadtrundgang; zahlreiche Funde aus der Römerzeit, die einen guten Einblick in die Geschichte der Region bieten.
Ulica Mate Balote 3; tgl. 9–16 (Winter) bzw. 9–20 Uhr (Sommer)

Essen und Trinken

Pula hat sich inzwischen zum kulinarischen Zentrum Istriens entwickelt. Jede der nachfolgenden Restaurant-Adressen lohnt den Besuch.

Delfin  M ▪ b 3
Direkt am Dom gelegen und daher
atmosphärisch empfehlenswert.
Trg Strosmajera 1; Tel. 52/2 22 89

Fantasia M
Unweit der Marina Veruda; Patron
Dusan Percan gilt als einer der bes-
ten Köche der Region; schöne Ter-
rasse; Sonntag Ruhetag.
Palisina 29; Tel. 52/50 63 06, Fax 50 63 63
★★ AmEx DINERS EURO VISA

Milan M M
Der Familienbetrieb ist *der* kulinarische Aufsteiger; Fisch und Meeresfrüchte, gute Süßspeisen, umfangreiches Weinangebot. 12 Gästezimmer.
Stoja 4; Tel. 52/21 02 00, Fax 21 05 00
★★ AmEx DINERS EURO VISA

Valsabbion M M
Seit Jahren kulinarische Spitze in
Istrien. Schönes Ambiente und eine
Speisekarte mit Küchenraffinessen:
Zum Auftakt »Grand Couvert« mit
istrischen Häppchen, Fisch in Salzkruste oder verschiedene Nudelge-
richte. Wer möchte, bleibt über Nacht
im Aparthotel Valsabbion (→ S. 46).

Vela Nera M
Direkt im Yachthafen Veruda; schöne
Terrasse mit Olivenbäumen; Risotto
nach Art des Hauses und Beefsteak
mit Trüffeln; kein Ruhetag.
Pjescana uvala bb, Marina Veruda;
Tel. 52/21 92 09, Fax 21 59 51
★★★ AmEx DINERS EURO VISA

Service

Marina Veruda Tehnomont
Tel. 52/21 15 41, Fax 52/21 11 94

Tourismusverband Medulin
▪ B 9, S. 120
52203 Medulin, Centar 223;
Tel. und Fax 52/57 71 45

Tourismusverband Pula ▪ b 4
52100 Pula, Matka Laginje 7;
Tel. 52/2 40 62, Fax 52/21 18 55

*Das fünftgrößte Amphietheater
der Welt: die Arena von Pula.
Ursprünglich fanden hier Gladiatoren-Wettkämpfe statt,
heute ist sie Aufführungsort klas-
sischer Konzerte im Sommer.*

Ziele in der Umgebung

Brijuni-Inseln
■ B 4, S. 116; A 9, S. 120

Der aus 14 Inseln bestehende Nationalpark Brijuni verdankt seine Berühmtheit in erster Linie seiner landschaftlichen Schönheit: Mehr als 680 Pflanzen- und über 250 Vogelarten sind auf den Inseln beheimatet.

Es war aber auch der 1980 verstorbene Marschall Josip Broz Tito, der das 3 km vom Festland entfernte Archipel in das Bewusstsein der Weltöffentlichkeit brachte: Der ehemalige Staatschef Jugoslawiens hatte auf **Veliki Brijuni** seinen Sommersitz. Die Folge: Staatsgäste gaben sich hier die Klinke in die Hand. Touristen mussten dagegen auf dem Festland bleiben – die Inseln waren Sperrgebiet.

Die Zeiten haben sich glücklicherweise geändert: An Tito erinnern nur noch einige Fotos im Museum, und in den Betten der Staatsgäste können heute Touristen nächtigen. Ob Tagestrip oder Inseltrip mit Übernachtung: Brijuni ist ein Muss!

Hotels/andere Unterkünfte

Hotelzentrum Insel Brijuni
Die ehemaligen Unterkünfte für Staatsgäste (Neptun, Istra und Karmen) werden gemeinsam angeboten; Anreise am besten von Fažana aus.
Hotel Neptun, Istra; Tel. 52/52 51 00, Fax 52/21 21 10; 139 Betten;
Hotel Karmen; Tel. 52/52 54 00, Fax 52/21 21 10; 83 Betten
★★★ AmEx DINERS EURO

Fažana
■ B 4, S. 116

2800 Einwohner

Der kleine Fischerort mit gutem touristischem Angebot ist ein idealer Ausgangsort für Abstecher in das nur 5 km entfernte Pula. Außerdem werden von hier aus täglich auch Ausflüge auf die Inselgruppe von Brijuni angeboten. Wer es weniger touristisch mag und lieber in aller Ruhe baden möchte, entscheidet sich allerdings für den Bootstrip auf die ruhigere Insel Jerolim.

Essen und Trinken

Konoba Margerita M
Klein, aber urig; traditionelle Gerichte der Region.
Galizanska 8; Tel. 52/52 15 65
★ AmEx EURO VISA

Labin
■ D 3, S. 117

26 000 Einwohner

Nur wenige Kilometer von der Touristenhochburg Rabac entfernt liegt der Ort auf einem Felsen über der Landschaft. Entweder hält man auf dem Weg nach Rijeka hier, oder aber man plant den Abstecher von Rabac aus. Der Trip in das noch immer mittelalterlich anmutende Labin – vor allem der Stadtplatz, an dem auch die Pfarrkirche steht, ist sehenswert – lohnt auf jeden Fall.

Service

Tourismusverband Labin
52220 Labin, A. Negri 20; Tel. 52/85 55 60; Internet: www.istra.com/rabac

Rabac
■ D 3, S. 117

Umgeben von Olivenhainen und Pinienwäldern an steilen Hängen, gehört der Badeort Rabac zu den führenden Touristikzentren Istriens. Eine schmale Promenade führt zum Strand am Kap von Andrija.

Hotels/andere Unterkünfte

Apollo
Ruhig im Ortszentrum gelegen.
Tel. 52/87 22 22, Fax 52/87 23 45; 108 Betten ★★ AmEx EURO VISA

Die Kondition der Urlauber

ist hier gefragt: In der Altstadt fordert Sie ein steiler Hügel und vor der Küste zahlreiche Inseln mit herrlichen Badestränden.

Rovinj   ■ B 4, S. 116

20 000 Einwohner
Stadtplan → Klappe hinten

Ein Hauch Italien umgibt die Altstadt von Rovinj. Steil führen die schmalen Gassen hinauf zur Kirche der hl. Eufemija, deren Turm beim ersten Anblick an den Campanile im gar nicht weit entfernten Venedig erinnert. Aber es ist auch das heitere Lebensgefühl, vor allem geprägt durch zahlreiche Künstler, das Rovinj zu einem attraktiven Ziel für Touristen macht. Kein Autolärm, kein hektisches Treiben plagt den Besucher der Altstadt, deren Ursprünge bis ins 3. Jh. zurückreichen. Die Halbinsel selbst gehört aber erst seit 230 Jahren zu Rovinj: Mitte des 18. Jh. wurde das Eiland durch einen künstlichen Damm mit dem Festland verbunden.

Gemütlich schlendert man von Galerie zu Galerie. In verschwiegenen Innenhöfen und auf schattigen Terrassen kann man Künstlern, die schon seit vielen Jahren Rovinj in den Sommermonaten zu ihrer Heimat erklären, bei der Arbeit zuschauen. Dazwischen laden kleine Cafés und Restaurants zum Verweilen ein, ehe der Besucher den Kirchenhügel erreicht.
Von hier aus bietet sich nicht nur ein herrlicher Blick über die Altstadt, sondern auch auf die Küste: 22 vorgelagerte Inseln machen Rovinj zum idealen Ausgangsort für einen Boots- oder Badetrip. Aber auch ganz in der Nähe bietet sich eine gute Möglichkeit zum Baden: Unterhalb des

Hotels Rovinj führen einige Stufen zwischen den Felsen hindurch ins Wasser. Eine verdiente Abkühlung nach dem kräftezehrenden Anstieg!

Da sich tagsüber viele Besucher in die schattigen Gassen unterhalb des Hügels zurückziehen, geht es am Hafen eher ruhig zu. Dies ändert sich jedoch, wenn die Sonne langsam im Meer versinkt: Dann nämlich bekommt man schon bald keinen Platz mehr in den Cafés rund um den zentralen Trg maršala Tita oder in einer der zahlreichen Eisdielen direkt am Hafenbecken.
Rovinj ist eine der wenigen istrischen Städte, die der Besucher mit geschlossenen Augen erkennt: An windstillen Abenden, wenn tausende von Touristen an den Kais promenieren, zieht würziger Tabakduft von der nahen Zigarettenfabrik über den Hafen. Diesen angenehmen Duft braucht der Gast nicht durch Autoabgase zu verpesten, denn fast alle großen Touristenhotels liegen so nahe, dass das Zentrum mit einem gemütlichen Spaziergang zu erreichen ist.

Tagsüber muss man dagegen flexibler sein, will man die besten Seiten Rovinjs kennenlernen: Die stadtnahen Strände sind meist nur über Betonplatten erreichbar – so halten sich hier die Badefreuden in Grenzen.
Zum Genuss wird allerdings die Abkühlung auf einer der 13 vorgelagerten Inseln: **Sv. Katarina** liegt zwar – direkt gegenüber dem Zentrum – zum Greifen nahe, doch schöner ist **Sv. Andrija**, die »Rote Insel«, mit der

angebundenen FKK-Insel **Maškin**: Beide Ziele sind mit regelmäßig verkehrenden Fähren problemlos zu erreichen.

Wenig touristisch erschlossen und deshalb noch stiller sind die kleinen Inseln wie **Banjol, Sturag** oder **Revera**: Wenn Sie diesen Teil des Adriatischen Meeres selbst erkunden wollen – und nicht mit einem eigenen Boot angereist sind –, dann versuchen Sie Ihr Glück im Hafen von Rovinj: Hier finden sich immer Bootsleute und Fischer, die Sie auf die Insel Ihrer Wahl hinausschippern. Der Preis ist Verhandlungssache, genauso wie der Termin für die Rückkehr.

Und wenn Sie dann wieder an Land sind, sollten Sie auf jeden Fall – entweder zu Fuß oder mit einem geliehenen Fahrrad – einen Abstecher auf die Landspitze **Zlatni rt** (»Goldkap«) unternehmen. Dieses schöne Waldgebiet gilt als eines der wichtigsten seiner Art in ganz Kroatien und bietet auf mehreren Kilometern Natur pur zwischen weiten Kiefernwäldern und zahlreichen Stränden.

Natürlichkeit spielt auch nördlich von Rovinj eine Rolle: Hier befindet sich in **Valalta** eines der berühmtesten FKK-Gelände Istriens.

Hotels/andere Unterkünfte

Autocamp Veštar 👫👼   ■ B 4, S. 116
Campingplatz mit etwa 3 km langem Sandstrand; 5 km vom Stadtzentrum entfernt an der Straße nach Pula.
Tel. 52/81 14 31, Fax 81 15 71

Paradies-Hotelinsel Katarina 🅼 👫👼
Herrliche Lage auf der autofreien Insel vor Rovinj; eine der besten Hotelanlagen Istriens in einem renovierten Schloss; sehr kinderfreundlich.
Otok Katarina bb; Tel. 52/80 41 00, Fax 80 41 11; Internet: www.hotelinsel-katarina.com; 350 Betten ★★ bis ★★★
AmEx DINERS EURO VISA

Sol Club Istra 👫👼
Vor Rovinj auf der »Roten Insel« gelegen; Strände direkt am Hotel und auf der benachbarten FKK-Insel Maškin; gut für Touristen, die etwas Ruhe suchen. Regelmäßige Fährverbindungen nach Rovinj.
Sv. Andrija; Tel. 52/81 30 55, Fax 81 34 84; 650 Betten ★★★ AmEx DINERS EURO VISA

Sol Park   südöstlich ■ f 3
In einem Waldstück direkt oberhalb des Yachthafens; allerdings ist kein besonders schöner Strandabschnitt in der Nähe.
Ivana Matetića-Ronjgova; Tel. 52/81 10 77, Fax 81 69 77; 477 Betten ★★★
AmEx DINERS EURO VISA

Spaziergang

Bester Ausgangspunkt ist der zentrale Trg maršala Tita direkt am **Hafen**. Hier stehen der **Rote Uhrturm** und der **Barockpalast Califfi**, in dem heute das Heimatmuseum untergebracht ist. Ganz in der Nähe betritt man durch das berühmte **Balbi-Tor** aus dem Jahre 1680, einer der drei noch erhaltenen Stadtbögen, das Zentrum der Altstadt. Gleich auf der linken Seite schließt sich das **Rathaus** an. Die Fassade und das Atrium sind mit zahlreichen alten Wappen geschmückt. Dahinter liegt der kleine Trg G. Matteottia, in dessen Nähe die Hauptgasse Grisia beginnt. Gesäumt von Galerien und Geschäften, führen die Stufen hügelaufwärts, ehe Sie auf der Kuppe die Kirche **Sv. Eufemija** erreichen. Nach der obligatorischen Besteigung des Glockenturms ist es Zeit für eine Erfrischung: entweder in einer nahen

Unwiderstehlich: Die Altstadt von Rovinj hat italienisches Flair. Der Glockenturm, der sich über der Stadtkulisse erhebt, ist der höchste Istriens.

Bar oder am Meer, das Sie über die Gasse Montalbano und anschließend über die Stufen Constantini, die bis zum Wasser hinunterführen, nach einem kurzen Spaziergang erreichen. Hier folgen Sie der Svetoga Križa rund um die Halbinsel der Stadt, ehe Sie über die Ulica Vladimira Švalbe den Trg Valdibora erreichen. Gleich nebenan wird täglich ein bunter **Bauernmarkt** abgehalten: Obst und Gemüse, oftmals aus heimischem Anbau. Schließlich erreicht man den Ausgangspunkt nach wenigen Minuten über die Ulica Giuseppea Garibaldia.

Wenn Sie noch Lust und Laune haben: Die **Sv. Trojstvo** (Dreifaltigkeitskirche) stammt aus dem 13. Jh. und liegt am Trg na Lokvi, etwas außerhalb des bisher erkundeten Zentrums. Ebenfalls ein wenig abgelegener das **Franziskanerkloster** an der Ulica de Amicisa.

Sehenswertes

Sv. Andrija
(Crveni otok/»Rote Insel«)

Kultur und Badespaß in einer guten Mischung: Das Benediktinerkloster wurde im 6. Jh. gegründet und im 15. Jh. von den Franziskanern erweitert. Heute befindet sich in den alten Gemäuern ein privates Hotel. Auch wer nur zum Spaziergehen oder Baden mit der Fähre übersetzt, kommt voll auf seine Kosten. Der Trip ist ein »Muss«, vor allem gegen Abend; schließlich verkehren die Schiffe zwischen 6 und 24 Uhr jeweils alle 15 Minuten.

Sv. Eufemija ▪ b 5

Die Kirche der Eufemija wurde im 18. Jh. auf den Überresten zweier verfallener Kirchen erbaut. In der Mitte des 19. Jh. erhielt das Gebäude sein heutiges Aussehen: Damals wurde die Frontseite im Stil des venezianischen Barock umgestaltet.

Der knapp 60 m hohe **Glockenturm** stammt aus dem 17. Jh. und trägt auf seiner Spitze eine Kupferskulptur der hl. Eufemija, geschaffen von den Brüdern Vollani aus Maniago.

Ihren Ruhm verdankt Eufemija einer Erscheinung in der Gewitternacht des 13. Juli 800: Nachdem ein Sarkophag an die Küste geschwemmt wurde, waren die Bewohner der Stadt nicht in der Lage, das ungewöhnliche Strandgut an Land zu ziehen. Da erschien die Heilige einem Jungen, der später mit zwei Seilen – und wunderlichen Kräften – den Sarkophag ganz allein aus dem Meer zog. Die sterblichen Überreste Eufemijas ruhen nun im besagten Behältnis von einst im Inneren der Kirche – und sie selbst ist längst zur wichtigsten Schutzheiligen in Rovinj und weiten Teilen Istriens aufgestiegen.

Zlatni rt

Auch in punkto Natur bietet die Umgebung von Rovinj Sehenswertes: Das so genannte Goldkap glänzt vor allem mit seinen parkähnlichen Waldflächen. Rund 1000 verschiedene Pflanzen wachsen in dem Gebiet, darunter allein zehn Zypressenarten.

Am besten entdeckt man die Gegend mit dem Fahrrad oder bei einem Spaziergang. Starten sollten Sie im Sommer wegen der extremen Temperaturen und Sonneneinstrahlung allerdings erst in den späteren Nachmittagsstunden.

Museen

Aquarium ▪ c 1

Seit über 100 Jahren bereits bietet sich hier ein guter Einblick in die Artenvielfalt der Adria.
Obala G. Paliage 5; tgl. 9–20 Uhr

Heimatmuseum ▪ c 4

Für jeden Geschmack etwas: eine Sammlung alter Meister vom 15. bis 19. Jh.; die umfangreiche Buchsamm-

Oben: Vitamine satt bieten Läden und der tägliche Markt in Rovinj.

Mitte: Der Limski Fjord – eine Oase für Liebhaber von Austern und Muscheln – schlängelt sich durch ein zehn Kilometer langes grünes Tal (→ S. 57).

Unten: Im Barockpalast der Familie Califfi ist heute das Heimatmuseum mit einer archäologischen und ethnologischen Sammlung untergebracht.

lung der Bibliothek »Stancoviciana«
sowie zeitgenössische kroatische
Kunst. Jedes Jahr im Juli findet hier
die »Malerkolonie Rovinj« statt.
Palast Califfi/Trg maršala Tita;
tgl. 9–20 Uhr; Eintritt: 4 Kuna

Essen und Trinken

Casilona ■ d 4
Im Zentrum gelegen, mit kleiner
Veranda. Wer's mag: Essen sowie
Sehen und Gesehen werden in bun-
ter Mischung.
Trg Pignatona 1 ★ ★ ★

Giannino
Gutes Essen, italienisch angehauchte
Cuisine; Prominenten-Treff direkt in
der Altstadt; montags Ruhetag;
keine Parkplätze.
A. Ferri 38; Tel. 52/81 34 02 ★ ★ AmEx

MERIAN-Tipp

Austern-Restaurants am Limski Fjord Natürlich können
Sie den Limski Fjord mit einem
der zahlreichen Ausflugsboote
von Rovinj während eines Nach-
mittags-Trips problemlos erreichen. Auf den wahren Ge-
schmack kommen Sie aber erst,
wenn Sie sich mehr Zeit lassen
– und beispielsweise über die
Straße ans Ende des Fjordes
fahren. Hier liegen einige Restaurants, die mit einer kulinarischen Spezialität aufwarten, frische Austern. Empfehlenswert:
Restaurant **Lim Fjord** (Tel. 52/
44 82 22 ★ ★ ★) oder Restaurant **Viking** (Tel. 52/44 82 23
★ ★ ★); Achtung: starker Tou-
ristenandrang; Reservierungen
in der Hochsaison jeweils ratsam. ■ B 3, S. 116

Graciano
Reiche Auswahl an Fischgerichten;
dienstags Ruhetag; viele Plätze
draußen.
Obala palih boraca bb; Tel. 52/81 15 15,
Fax 83 04 03 ★ ★ AmEx DINERS EURO

Konoba Veli Joze M
Eine lokale Wirtschaft, wie der Gast
sie sich wünscht – urig und mit guten
deftigen Speisen.
Sv. Kriza 1; Tel. und Fax 52/81 63 37
★ ★ AmEx DINERS EURO VISA

La Perla
Gutes Essen und sehr freundlicher
Service; kein Ruhetag; Probe-Blick
gefällig – im Internet unter:
www.egotech.com/perla
Konceta bb; Tel. und Fax 52/81 18 01
★ ★ AmEx DINERS EURO

Stari Grad ■ c d 5
In einer Seitengasse beim Hafen,
aber trotzdem relativ ruhig; Spezialitäten mit Meeresfrüchten.
Vrata pod Zidom 8 ★ ★

Einkaufen

Piazzetta Galerie ■ bc 4–5
Originelle Souvenirs, darunter auch
die Figur der hl. Eufemija in allen
Variationen.
Ulica Casale 17

Am Abend

Meliá Eden östlich ■ f 3
Geboten wird abendlicher Tanz mit
Livemusik – etwas für die ältere Ge-
neration. Die Alternative: das Casino
im Hotel.
Lujo Adamovića; Tel. 52/81 10 88

Monvi östlich ■ f 3
Das Zentrum der Unterhaltung liegt
knapp 2 km südöstlich der City: zahlreiche Restaurants, Amphitheater
für Livekonzerte, Diskothek und
Kabarett; das Monvi gilt als größter

Treff dieser Art entlang der istrischen Adria. Hier findet eigentlich jeder die passende Vergnügung.
Ulica Luje Adamovića; Tel. 52/81 13 94

Sol Club Istra
Romantischer Platz für einen Abend: die Diskothek Valentino auf der »Roten Insel«.
Tel. 52/81 30 55

Valentino ■M
Eine Cocktailbar mit den besten Drinks, klassische Musik und dazu eine der schönsten Aussichten der Stadt (auf die Katarinainsel) – ein Muss.
Santa Croce 28

Service

Agentur Jadranturist östlich ■ f 3
Die Agentur vermittelt zahlreiche **Privatzimmer** und **Appartements** in und um Rovinj.
Ulica Vladimira Nazora 6; Tel. 52/81 31 11; Internet:
www.istra.com/rovinj/jadranturist

Marina ACI Rovinj
Tel. 52/81 31 33, Fax 52/81 31 33

Tourismusverband Rovinj ■ d 5
Obala Pina Budičina 12, 52210 Rovinj;
Tel. 52/81 34 69, Fax 52/81 60 07

Ziele in der Umgebung

Bale ■ B 4, S. 116

Der kleine Ort liegt im Landesinneren rund 14 km südwestlich von Rovinj. Die mittelalterliche Ansiedlung zieht sich in engen Gassen über einen Hügel. Eindrucksvoll ist die Atmosphäre in der Abendstimmung. Sehenswert sind der Palast Bembo und die Pfarrkirche des hl. Julian.
Ein Muss: Am 1. Samstag im August findet hier die »Nacht von Bale« mit Volksmusik und Tanz statt.

Limski Fjord ■ AB 3, S. 116

Etwa auf halbem Küstenweg zwischen Poreč und Rovinj gelegen, zieht sich der zum Naturschutzgebiet erklärte Fjord auf einer Länge von rund 10 km und einer Breite bis zu 500 m ins Landesinnere. Zahlreiche Fisch- und Austernzuchten haben sich in dem stillen Gewässer angesiedelt. Das Wasser ist sehr sauber, die Bademöglichkeiten sind allerdings rund um den mit Autos zu erreichenden einzigen Parkplatzbereich nicht optimal.
Beliebt sind Boot-Trips von Poreč und Rovinj zum Fjord. Sehenswert ist dabei auch die **Romualdos-Grotte**. Für Privat-Schiffer gilt der Fjord bei aufziehendem Sturm als sicherer Ankerplatz.
Wer mit dem Auto unterwegs ist, sollte noch den nahe gelegenen und vor langer Zeit verlassenen Ort **Dvigrad** mit seinen verfallenen Kirchen und Kapellen ansteuern.

Žminj ■ C 3, S. 116
700 Einwohner

Rund 25 km östlich von Rovinj hat sich der Ort sein mittelalterliches Flair bewahrt. Sehenswert ist die Kirche der hl. Dreifaltigkeit mit schönen Fresken, die Szenen aus dem Leben Christi darstellen. Die rote Erde der Umgebung hat der Landschaft den Namen Rot-Istrien eingebracht. Entlang der Straßen in den Wein- und Olivenbergen sieht man manchmal noch alte »kozuni« stehen, Häuschen mit kegelförmigen Dächern.
Vielleicht versuchen Sie bei einem Stopp die rustikalen Spezialitäten der Region: Kartoffeln aus der Asche, dazu istrische Würste und lokalen Wein. Oder Sie kommen am letzten Samstag im August auf den Geschmack: Dann nämlich findet der sehenswerte Viehmarkt **Batulja** statt.

Schroffe Küsten, einsame Strände, alte Seefahrer-Legenden und gastfreundliche Menschen: Das sind die faszinierenden Inseln Cres und Lošinj.

Cres
■ EF 3–4, S. 117; DE 9–10, S. 121

12 000 Einwohner

Die Wege zu einem der Höhepunkte des Istrien-Urlaubs führen übers Wasser. Entweder legt man mit der Fähre vom Festland bei Brestova Richtung Porozina ab – bei etwas Glück begleitet von Delfinen –, oder man entscheidet sich für die unwesentlich längere Fahrt zwischen Valbiska auf der Insel Krk und Merag.

Ganz gleich, wo man die Insel Cres betritt: Der erste Eindruck ist geprägt von menschenabweisender Landschaft. Nur wenig Grün drängt sich durch das schroffe Karstgestein. Im Hochsommer liegt oft tagelang große Hitze über der Inselregion, weht kaum ein Lüftchen.

Vielleicht fahren deshalb die meisten Besucher gleich hinunter zur Schwesterinsel **Lošinj**, die durch eine schmale Brücke bei Osor mit Cres verbunden ist.

Die bessere Entscheidung ist jedoch, wenn Sie sich bereits kurz nach der Ankunft in Porozina seelenruhig treiben lassen: So kommen Sie mit jedem Kilometer der wahren »Inselseele« näher. Zumal das zweitgrößte Eiland in der Kvarner Bucht für jeden Gast etwas bietet: Wer das Abenteuer sucht, der ist zwischen den sanften Buchten und rauen Bergen richtig. Wer sich lieber in aller Stille an der Küste entlangbewegt, kann auf einsamen Wanderungen schnell dem Touristenlärm den Rücken kehren. Nur wer Unterhaltung und Nightlife erwartet, wird nicht auf seine Kosten kommen: Es geht hier wesentlich geruhsamer zu als auf

Der Weg auf schmalen kurvenreichen Straßen in die Berge lohnt sich: Lubenice hat Atmosphäre (→ S. 61).

dem Festland. Auch die Unterkünfte sind einfacher, die Restaurants nicht immer so perfekt auf Touristen eingestellt – und um die Insel ganz zu entdecken, kommt der Besucher (zum Glück!) um eine Wanderung nicht herum.

Längst bestimmt der Fremdenverkehr das Leben der Inselbewohner. Trotzdem haben sie sich die schon lange wichtigen Erwerbszweige wie Schafzucht, Oliven- und Weinanbau bewahrt.

Natürlich spielen Fischfang und Bootsbau auch heute noch eine Rolle – zumal der Fremdenverkehr oft auch in der Hand von Fremden liegt: Häufig sind es Familien aus kroatischen Großstädten wie Rijeka oder Zagreb, die in den Sommermonaten Restaurants und Pensionen führen. Wenn diese »Gastarbeiter« im Oktober wieder auf das Festland zurückkehren, zieht Ruhe ein – und Touristen stehen dann bisweilen vor dem Problem, ein Zimmer für eine Übernachtung zu finden.

Sicherlich ist Cres der bekannteste Ort auf der Insel. An einer geschützten Bucht gelegen, ist das 2200 Einwohner zählende Städtchen ein beliebter Anlaufhafen für Privatschiffer geworden. Wer es dagegen noch etwas überschaubarer mag, wird vor Valun – auf der anderen Seite der Bucht – Quartier beziehen.

Wenn hier abends Dutzende von Schiffen im Wasser dümpeln, am Horizont die Sonne untergeht und der Duft von gebratenem Fisch aus den Restaurants am Hafen in der Luft liegt, dann gibt es kaum einen schöneren Platz entlang der gesamten Küste. Es sei denn, man unternimmt den Abstecher in die Berge nach **Lubenice**. Bei dieser Fahrt ist allerdings große Vorsicht geboten: Die Straßen sind schmal und kurvenreich!

Besser ausgebaut ist zumindest auf den ersten Kilometern die Straße Richtung Süden. Sie führt vorbei an **Vraner See** – Baden ist verboten, da das Süßwasser für die Versorgung der Insel verwendet wird – und durch den Ort Belej zu den beiden Abzweigungen nach **Ustrine**. Hier lohnt sich ein Abstecher an die Küste, auch wenn das Meer tief unten am Abhang liegt.

Wieder auf der Hauptstraße, erreicht man nach wenigen Kilometern **Osor**. Wer bisher keinen Stopp eingelegt hat, der muss zumindest vor dem Übergang auf die Insel Lošinj rasten, denn Osor verbindet Gegenwart und Vergangenheit in einer faszinierenden Mischung.

Cres ist kein Ziel für Kurzentschlossene: In der Hochsaison sind alle Übernachtungskategorien bereits Monate im Voraus ausgebucht. Fahren Sie in dieser Zeit nie ohne feste Buchung los, zumal das Angebot auf der Insel knapp ist. Eine Ausnahme bilden Campingplätze, wo eigentlich immer etwas zu haben ist.

Das Unterhaltungsangebot ist – wie auf den meisten Inseln in der Kvarner Bucht – begrenzt. Livemusik und Tanz gibt es meist nur in den Touristenanlagen, regelmäßig vor allem im Hotel Kimen. Außerdem findet sich beim abendlichen Bummel durch Cres am Hafen immer eine Kneipe mit Musik und Tanz. Nicht ganz so »reichhaltig« ist das Angebot in Valun.

Kulinarisch geht es hier einfacher zu als auf dem touristisch perfekt organisierten Festland. Die Speisekarte zeigt Inseltypisches: Fisch gibt es reichlich, ebenso wird gern Lammfleisch serviert. Wer abseits der Zentren die lokale Küche entdecken will, wird belohnt: Nicht selten tischen Bauern ihre frischen Produkte auf.

Beli ■ E 3, S. 117

Der erste Abstecher für Besucher, die von der Fähre in Porozina kommen: Hinter dem Monte Sis (650 m) biegt man links von der Hauptstraße ab. Der kleine Fischerort thront an einem über 100 m hohen Steilhang. Um das Jahr 1000 war Beli für kurze Zeit eine unabhängige Stadt. Inzwischen ist an der Nordostküste von Cres Stille eingekehrt: Wer hier übernachten will, kann nur auf eine beschränkte Anzahl an Privatzimmern oder den Campingplatz Brajdi zurückgreifen. Aber einen Ausflug von der Inselhauptstadt ist Beli auf jeden Fall wert.

Cres-Stadt ■ E 4, S. 117

Mit rund 2200 Einwohnern ist Cres nicht nur die größte Stadt auf der Insel, sondern auch das wirtschaftliche Zentrum. Umgeben von einer Stadtmauer aus venezianischer Zeit – auch zwei Stadttore und ein Turm sind noch erhalten –, pulsiert das Leben seit Jahrhunderten rund um den Hafen. Wer mit dem eigenen Boot kommt, wird jedoch weiter südlich in der modernen Marina vor Anker gehen müssten. Durch diese »Auslagerung« der zahlreichen Bootsurlauber hat sich Cres ein stilles Ambiente bewahrt.

Sehenswert sind die bereits erwähnten **Stadttore** Bradadina aus dem Jahre 1581 – wer mit dem Auto kommt, betritt meist von den nahen Parkplätzen durch diesen Bogen die Altstadt – und das nördliche Marcella, errichtet 1588. Auch lohnen die **Pfarrkirche Sv. Marija**, die romanische **Johanneskirche** und die Kirche des **hl. Isidor**, der als Stadtpatron von Cres verehrt wird, eine Besichtigung.

Nach dem kulturellen Teil bietet Cres auch Sportliches: Über eine Promenade können Sie auf einem kurzen Fußweg den schönsten Strand von Cres bei Kimen erreichen.

Hotels/andere Unterkünfte

Kimen
Etwas außerhalb am beliebtesten
Strand von Cres gelegenes Hotel.
Tel. 51/57 13 22, Fax 57 15 13; 412 Zimmer
★ ★ ★ AmEx DINERS EURO VISA

Das **Touristenbüro Cres** vermittelt
Privatunterkünfte und **Appartements**
auf der gesamten Insel.
Cons 11 (am Hafen), 51557 Cres;
Tel. und Fax 51/57 15 35

Museen

Archäologisches Museum
Zahlreiche Amphoren sowie archäologische und ethnologische Funde,
teilweise auch aus der nahen Umgebung, verborgen hinter der historischen Fassade.
Palast Arsan; tgl. 9–11 und 19–22 Uhr
(nur im Sommer); Eintritt: 4 Kuna

Essen und Trinken

Amfora
Fischspezialitäten in Cres, nahe
dem Hafen.
Trg Frane Petrić 5; Tel. 51/57 12 88 ★ ★

Riva
Fischspezialitäten und dazu die
schöne Möglichkeit, das Treiben
am Hafen von Cres hautnah zu
beobachten.
Riva Creskih Katetana 13 ★ ★

Service

Tourismusverband Cres
Cons 11 (am Hafen), 51557 Cres;
Tel. und Fax 51/57 15 35

Lubenice   ■ D 9, S. 121

Der Weg in die Berge lohnt sich in
jedem Fall, auch wenn die Straßen
schmal sind und man sich um jede
Kurve mühsam herumwinden muss.

Am besten kommen Sie zum Sonnenuntergang – vielleicht nach einem
ruhigen Strandtag rund um Valun,
denn von hier aus führt die Straße
über Mali Podol an die Westküste.
Gesäumt wird der etwa 5 km lange
Weg von uralten Steinwällen, hinter
denen Schafherden weiden.

378 m hoch über dem Meer thront
Lubenice. Schon vor mehreren tau-
send Jahren siedelten Menschen an
diesem Ort. Das Dorf bezaubert mit
alten Häusern und einem schlanken
Glockenturm aus dem Jahre 1791.
Dahinter erhebt sich auf der anderen
Seite des Dorfplatzes die Kirche der
hl. Maria aus dem 18. Jh.

Am Dorfplatz befindet sich das
Buffet Lubenicka Loza: Neben Ge-
tränken und Snacks werden einer größeren Gästeschar – auf Bestellung –
auch kulinarische Spezialitäten der
Region serviert: Dann beteiligt sich
die ganze Dorfgemeinschaft – heute

MERIAN-Tipp

Lubenice am Abend In den
Sommermonaten finden in
der Kirche der hl. Maria von
Lubenice klassische Konzerte
statt. Beginn ist meist um
21 Uhr. Am besten verbinden
Sie den Abstecher mit einem
typischen Abendessen in dem
Bergdorf, das Sie von Valun
aus in etwa 20 Minuten mit
dem Auto erreichen. Bei der
Fahrt sollten Sie sich Zeit lassen, da die Straßen sehr
schmal und an vielen Stellen
die Randstreifen unbefestigt
sind. Wer tagsüber schon in
Lubenice eintrifft: Kurz hinter
dem Dorf führt ein steiler Pfad
zur Küste hinunter – allerdings
etwas mühsam. ■ D 9, S. 121

leben hier noch 43 Menschen – an der Zubereitung von Hammelfleisch. Wenn Sie den ganzen Tag in der Umgebung verbringen wollen: Unten an der Küste und durch einen – allerdings etwas anstrengenden – Fußmarsch zu erreichen, liegt der »Hafen« Luka, wo die Fischer von Lubenice ihre Boote ankern. Ein weiter Kiesstrand schließt sich an. Südlich befindet sich die **»Blaue Grotte«**, die man ebenfalls mit Ausflugsbooten von Cres anlaufen kann. Falls es mit dem Aufstieg vom Meer nach Lubenice doch etwas länger dauert: Im Dorf werden einfache Privatzimmer angeboten.

Essen und Trinken

Buffet Lubenicka Loza
Meist gibt es hier nur Erfrischungen und Snacks – Hammelfleisch serviert man auf Bestellung. Idyllische Lage unterhalb des Glockenturms am Hauptplatz von Lubenice.
UTP Cresanka ★

Martinšćica ■ D 9, S. 121

In einer weiten Bucht liegt die einstige Fischersiedlung, die inzwischen ganz vom Tourismus lebt. Die meisten Besucher übernachten auf dem Campingplatz in der Bucht **Slatine**. Mit sanft abfallenden Kiesstränden eignet sich der stille kleine Ort – 186 Einwohner – besonders für einen Familienurlaub. Mit der Kirche des hl. Hieronymus, dem Franziskanerkloster und dem im 17. Jh. erbauten Kastell umgibt Martinšćica noch immer ein Hauch von Geschichte.

Osor ■ D 10, S. 121

Die Insel von ihrer schönsten Seite: Den Hauptplatz mit Rathaus, Loggia, Bischofspalast und Marienkathedrale – die meisten Gebäude stammen aus dem 15. und 16. Jh. – umgibt ei-

ne erlebenswerte Atmosphäre, die man in Ruhe im »Café am Platz« genießen kann. Hier befindet sich auch eine Touristeninformation. In der Kathedrale finden im Sommer klassische Konzerte statt (»Musikabende von Osor«).

An dem über 4000 Jahre alten Ort führt für Autofahrer Richtung Lošinj kein Weg vorbei: Eine kleine Brücke verbindet beide Inseln miteinander. Die meisten Urlauber machen jedoch den Fehler, auf einen Stopp zu verzichten.

Osor wird von einer noch teilweise erhaltenen Stadtmauer umschlossen, an der auch der ehemalige Friedhof und die Ruinen eines Benediktinerklosters liegen. Etwas außerhalb dagegen, an der **Bucht von Bijar** mit ihrem Kiesstrand, ragen die Ruinen des ehemaligen Franziskanerklosters auf.

Die schönsten Strände der Umgebung, ja für viele Istrien-Besucher sogar der gesamten Region, liegen bei **Punta Križa**. Den etwa 10 km entfernten Ort erreicht man über eine schmale Straße, die von Osor nach Osten führt. Von hier aus führt ein etwa 15-minütiger Fußweg direkt an einen der berühmtesten Küstenstrände. Wer Alternativen sucht, bleibt auf der Hauptstraße und fährt noch einige Kilometer weiter durch macchiaüberwucherte Landschaft, bevor man die ebenfalls zum Baden empfehlenswerte **Bucht von Baldarin** erreicht. Auch von hier aus bieten sich zahlreiche verschwiegene Buchten für Badeabstecher an – meist sind sie allerdings nur mit dem Boot zu erreichen.

Hotels/andere Unterkünfte

Pension Osor
Familiäre Unterkunft nahe des alten Ortskerns; neben dem guten Restaurant »Buffet Osor«.
Osor 28; Tel. 51/23 70 07; 14 Betten ★

8

Oben: Schafzucht ist ein wichtiger Erwerbszweig auf Cres. Die Schur im Juni und Juli können Gäste hautnah miterleben.

Mitte: Der Hafen von Cres wirkt auf den ersten Blick beschaulich (→ S. 60).

Unten: Veli Lošinj besitzt einen der schönsten Häfen von Istrien. Zahlreiche Segeljachten und Motorboote drängen sich im Sommer im engen Hafenbecken (→ S. 65).

Autocamp Bijar
Freundlicher Platz zwischen Osor und Nerezine mit eigenem Strand; idealer Ausgangsort für Trips auf beide Inseln.
Nerezine-Osor; Tel. 51/23 70 27, Fax 23 70 07

Museen

Archäologisches Museum
Am Hauptplatz in einer römischen Loggia sind historische Funde wie Münzen, Glassplitter und Skulpturen ausgestellt.
Tgl. 10–14 und 19–22 Uhr (nur im Sommer)

Essen und Trinken

Buffet Osor
Das beste Lokal des Ortes mit Fischspezialitäten und schönem Garten. Abends sollte man reservieren.
Osor 32; Tel. 51/23 71 67 ★ ★ ★

Service

Tourismusverband Osor
Info-Büro am Hauptplatz;
Tel. und Fax 51/23 70 07

Pernat ■ E 4, S. 117

Die Insel Cres von ihrer ursprünglichsten Seite: Nur wenige Häuser liegen eng zusammen auf der rund 250 m hohen Ebene. Ein steiler Pfad führt hinunter zum Meer, das unendlich weit entfernt scheint. Landwirtschaft bestimmt das Leben der 19 Dorfbewohner. Sie leben von der Schafzucht, von der Käseproduktion und vom Olivenanbau. Etwas größer sind die nahen Orte wie Orlec oder Belej mit jeweils noch knapp 200 Einwohnern. Auf kleinen Wanderungen begegnet man immer wieder der herzlichen Gastfreundschaft der Menschen; vor allem deshalb lohnt sich dieser Abstecher ins wenig spektakuläre Unbekannte.

Ustrine ■ D 9, S. 121

Bereits die Römer wussten diesen Ort – 180 m steil über dem Meer thronend – zu schätzen: Nahe der Kirche des hl. Martin fand man die Überreste einer römischen Villa. Ganz so komfortabel kann man heute in Ustrine nicht mehr übernachten. Trotzdem lohnt sich ein Ausflug für Gäste aus Osor in diesen Teil der Insel. Besonders schön sitzt man auf einer der Terrassen bei Sonnenuntergang. Eine sehr steile Straße führt zur Küste, wo sich an der Ustriner Bucht einige Bademöglichkeiten auftun. Neben dem Tourismus verdienen die 34 Einwohner des Dorfes ihren Lebensunterhalt überwiegend durch Schafzucht: Bei der Schur im Juni und Juli können Gäste hautnah dabei sein.

Hotels/andere Unterkünfte

Pension Sofija
Herrlich am Hang des kleinen Ortes Ustrine gelegen; mit sehr guter Küche und allabendlichem Schauspiel des Sonnenuntergangs. Nur im Sommer geöffnet.
Ustrine 10; 12 Betten ★

Valun ■ E 4, S. 117

Wahre Istrien-Kenner schätzen den Fischerort an der Bucht von Cres schon lange. Andere brauchtes erst die Einstimmung durch die Fernsehserie »Der Sonne entgegen«, in der die Dorfkulisse eine Hauptrolle spielte. Die Folge des TV-Ruhms: In den Sommermonaten findet man an den steilen Straßen vor dem Ortseingang kaum einen Parkplatz, abends sind die kleinen Restaurants am idyllischen Hafen meist voll besetzt. Trotzdem: Die einmalige Atmosphäre von Valun lohnt den Besuch. Sehenswert und weit über die Insel hinaus von kulturhistorischer Bedeutung ist die Grabplatte von Valun aus dem 11. Jh.

mit einer zweisprachigen Inschrift (kroatisch und lateinisch), die in der Pfarrkirche aufbewahrt wird. In der Bucht gehen abends zahlreiche Boote vor Anker. Oftmals sind es Gäste aus dem gegenüberliegenden Cres, die hier das stillere abendliche Treiben am Hafen genießen. In der Nähe des Ortes liegt der Campingplatz Zdovice.

Hotels/andere Unterkünfte

Gostionica Palàc
Einfache, aber saubere Unterkunft direkt am Hafen.
Valun 14; Tel. 51/53 50 11 (Vorausbuchungen für den Sommer sind ganzjährig möglich unter Tel. 51/33 38 75); 30 Betten ★

Essen und Trinken

Konoba Juna
Uriges Restaurant in einer ehemaligen Ölmühle. In den Sommermonaten abends meist überfüllt.
Direkt am Hafen ★ bis ★ ★

Service

Tourismusverband Valun
Info-Büro oberhalb des Hafens;
Tel. und Fax 51/52 50 85

Inseln in der Umgebung

Ilovik ■ E 11, S. 121

145 Einwohner

Einen Namen hat sich die Insel wegen der zahlreichen Blumen an den prächtig geschmückten Häusern gemacht. Segler schätzen den Kanal zwischen Ilovik und der Insel Sv. Petar als guten Ankerplatz: Kein Wunder, dass die Abende in den Kneipen und Restaurants von Ilovik meist lebhaft sind! Aber zahlreiche Strände lassen auch den Tagestrip mit dem Linien- oder Ausflugsboot von Mali Lošinj aus zu einem lohnenden Abstecher geraten.

Lošinj ■ DE 10–11, S. 121

6600 Einwohner
Karte → S. 67

Für viele Touristen ist die Insel Lošinj nicht Ausflugs-, sondern Hauptziel ihrer Istrien-Reise. Meist schlagen sie ihre Zelte in **Mali Lošinj** auf, der Inselhauptstadt, oder in **Veli Lošinj**, dem eigentlichen Touristenzentrum der Insel.

Von Osor sind es 24 km bis nach Mali Lošinj. Die gut ausgebaute Straße führt zum größten Teil direkt an der Küste entlang. Ein Stopp lohnt sich dabei im Fischerort Nerezine, einige Kilometer hinter Osor. Lassen Sie sich nicht verwirren: Obwohl »mali« »klein« bedeutet und »veli« »groß« heißt: Die Verhältnisse haben sich mit den Jahren genau ins Gegenteil verkehrt.

Mali Lošinj ist mit über 6600 Einwohnern die größte Stadt in der Kvarner Bucht. Das Zentrum – es erstreckt sich um das weitgezogene Hafenbecken – umgeben riesige neu errichtete Ferienwohnanlagen. Vorsicht: An kaum einem anderen Ort auf Lošinj oder Cres regiert der Nepp so sehr wie hier; deshalb kehren viele Besucher – nach einem Rundblick von der auf einem Hügel liegenden Marienkirche – der Stadt schnell den Rücken.

Dabei gibt es zwei Möglichkeiten, um in das wesentlich angenehmere Veli Lošinj zu gelangen: natürlich erstens mit dem Auto oder aber zweitens zu Fuß auf der Promenade entlang der Küste mit zahlreichen Bademöglichkeiten. Auch abends ist das ein herrlicher Spaziergang, der rund 45 Minuten dauert.

Das beschauliche, im Sommer aber ebenfalls überfüllte »Veli« begeistert den Besucher mit einem der schönsten Häfen von ganz Istrien. Bis direkt ans Wasser stehen die Tische der zahlreichen Restaurants rund um das enge Becken, in dem Fischerboote dümpeln oder Bauern von ihren Booten aus frisches Gemüse verkaufen. Sehenswert auch die **Pfarrkirche Sv. Antun**, die sich direkt am Hafen erhebt.

Etwas abseits steht in einem kleinen Wäldchen der dazugehörige schlanke Glockenturm. Ein Blick auf den **Uskokenturm**, ebenfalls nahe am Wasser, und dann folgt man der Ulica Vladimira Nazora zur **Sv. Marija** mit ihren Zwiebeltürmen.

Hotels/andere Unterkünfte

Alhambra M ■ b 5
An der schönen Bucht von Čikat gelegen; etwas abseits des lärmenden Zentrums von Mali Lošinj; das Gebäude ließ Franz Josef I. erbauen.
Čikat 15; Tel. 51/23 20 22, Fax 51/23 19 04; 100 Betten ★ ★ ★ AmEx DINERS EURO VISA

Punta ■ c 5
Bekanntestes Hotel von Veli Lošinj mit zahlreichen Tennisplätzen; in der Nähe des Hafens.
Tel. 51/66 20 00, Fax 23 63 01; 764 Betten ★ ★ AmEx DINERS EURO

Campingplatz Čikat ■ b 5
Der Campingplatz liegt rund 2 km von Mali Lošinj entfernt; es gibt zwei kleine Kiesbuchten.
Tel. 51/23 21 25, 51/23 17 08

Touristenbüro Palma ■ c 5
Das Touristenbüro in Veli Lošinj vermittelt auch **Privatzimmer** und **Appartements**.
Veli Lošinj, Vladimira Nazora 22; Tel. 51/23 61 79, Fax 51/23 62 22

Essen und Trinken

Kantuni ■ b 5
Das Lokal bietet Fischspezialitäten und liegt in einer Seitengasse am Hafen von Mali Lošinj.
Ulica Vladimira Gortana ★ ★

Kastel ■ c 5
Fisch- und Grillspezialitäten; direkt am Hafen von Veli Lošinj unterhalb des Uskokenturms.
Kastel 1 ★ ★

Meduza ■ a 2
In Nerezine am Hauptplatz mit schöner Terrasse; geboten werden Grillspezialitäten.
★ ★

Service

Tourismusverband Mali Lošinj ■ b 5
Riva lošinjskih kapetana 29, 51550 Mali Lošinj; Tel. 51/23 18 84, Fax 51/23 15 47

Tourismusverband Veli Lošinj ■ c 5
Obala maršala Tita, 51551 Veli Lošinj; Tel. 51/23 62 56

Susak ■ D 11, S. 121

Steine sucht man auf der Sanddünen-Insel vergeblich. Dafür gedeiht auf dem weichen Untergrund ein hervorragender Rotwein. Ebenfalls zu empfehlen sind die Strände von Susanski und Porat. Trotzdem genießen die meisten Touristen die Insel nur während eines Tagesausfluges von Mali Lošinj aus. Wer länger bleiben will: Es gibt einen Lebensmittelladen, ein Touristenbüro und eine Post.

Unije ■ D 10, S. 121

Die drittgrößte Insel des Archipels ist von üppiger Naturschönheit und mit zahlreichen einsamen Stränden gesegnet. Das von rund 80 Menschen bewohnte Eiland eignet sich für einen Tagesausflug von Mali Lošinj aus. Hauptort ist das oftmals von Stürmen geplagte Unije an der Westküste.

Lošinj

Osorski Zaljev

Rt Osor

Rt Kolo

Osor

Cres

Podolice
148

Verin

Ćutin

Majka Božja
od Loze

Loze

Kvarnerić

Tržić

Televrin
• 589

Halmac

Osorščica

Sv. Nikola

Nerezine

Podgora

Rt Seka

Sv. Maria
Magdalena

Bučanje

V. Straža
154 •

Sv. Mihovil

Drakovac

Grmožaj

Sv. Ivan

Murtovnik

U. Toverašćica

Rt Tanki

Parhavac

Rt Tomozina

Sv. Jakov

Ograde

U. Kolorat

Kalčić
283

U. Tuhin

U. Kaldonta

Punta Križa

Reski

Rt Sv.
Damjan

U. Meli

Veli križ
215

Lučica

Rt Plantur

Draga

Pogana

U.
Baldarin

Studenčić

Rt Liski

Polanza
212

Ćunski

Bokinić

Rt Suha

Liski

U. Liska Slatina

Artatore

Veli Osir

Bradičina
• 144

Kaštel
82

Tovar
116

Rt Kurila

Rt Beli art

Zabodaski

U.
Artaturi

Murtar

Koludarc

Poljana

L. Mali Lošinj

Lošinjski Kanal

Mali Lošinj

Sv. Martin

L. Čikat

Rt Madona

Kalvarija
201 •

Sv. Ivan

Veli Lošinj

Sv. Nikola

Rt Kriška

Grogošćak
211 •

U. Krivica

Pogled
• 242

Bonić

N

0   4,5 km

© MERIAN-Kartographie
Tel. 089.450007.272

Rt Kornu

Sv. Petar

Ilovička Vrata

Ilovik

Ilovik

Eine Insel des Trubels, aber auch der Traditionen: Das »unaussprechliche« Krk ist ein beliebtes internationales Ferienziel mit Geschichtsbewusstsein.

Krk

■ AB 6–7, S. 118

16 500 Einwohner

Zuerst beeindrucken Superlative: Krk ist mit über 400 qkm und fast 40 km Länge nicht nur die größte Insel in der Kvarner Bucht, sondern lockt mit einer sehr guten touristischen Infrastruktur auch die meisten Besucher an. Vor allem seit eine (mautpflichtige) Brücke Krk mit dem Festland verbindet, gibt es für Touristen keine Hindernisse mehr. Die Folge: Nicht nur in den Sommermonaten ist das Eiland ausgebucht. Wer in dieser Zeit Ruhe und Idylle sucht, sollte Krk und seine gleichnamige Inselhauptstadt besser meiden. Auch **Omišalj** mit der industriell geprägten Umgebung ist nicht jedermanns Geschmack.

Schöner präsentiert sich das nahe **Njivice**; beide Orte reichen jedoch nicht an die Reize von **Malinska** heran. Wenige Kilometer nach dem Ort teilt sich die Inselhauptstraße: Die rechte Abzweigung führt nach **Valbiska,** von wo die Fähre Richtung Merag auf die Insel Cres ablegt. Wer dagegen weiter auf der Hauptstraße bleibt, erreicht nach einer kurzen Fahrt durch das Inselinnere die Hafenstadt **Krk**.

Wieder auf der Hauptstraße Richtung Süden bieten sich zwei Abstecher an, ehe die Straße in den bergigen Teil der Insel führt: **Punat** wird dominiert von einer modernen Marina, besitzt ansonsten aber relativ wenig Atmosphäre.

Ganz anders zeigt sich das mittelalterlich geprägte **Vrbnik** an der Nordostküste – ein Muss für Krk-Besucher. Das Gleiche gilt für **Baška,** wo

Urlaubsgäste aus aller Welt geben sich am Hafen der Stadt Krk ein Stelldichein (→ S. 70).

sich in Hafennähe einer der schönsten Strände der Insel auf einer Länge von 1800 m erstreckt.

Trotz der Touristeninvasionen haben sich auf Krk zahlreiche Bräuche und Traditionen bewahrt. So finden sich noch immer Bewohner, die den einheimischen Dialekt sprechen. Allzu große Erwartungen auf typische Eindrücke sollten Sie allerdings nicht haben: Tatsache ist, dass die Insel Krk mittlerweile ein internationales Touristenziel geworden ist.

Baška

■ B 7, S. 118

800 Einwohner

Viele Besucher erleben Baška, im äußersten Südosten von Krk gelegen, erst auf dem Weg zur Insel Rab, denn hier legt die Fähre nach Lopar ab. Doch wer zu spät hierher kommt, den bestraft die schlechte Urlaubsplanung: Baška sollte auf der Liste der Ausflugsziele auf jeden Fall dick unterstrichen werden.

In der Nähe von Baška liegt der kleine Ort Jurandvor. Hier wurde in der frühromanischen Kirche der hl. Luzia eines der ältesten Schriftstücke der kroatischen Sprache gefunden. Wichtigste Aussage für viele Kroaten: »Das Bestehen eines kroatischen Staates wird bestätigt«, so interpretieren es zumindest einheimische Fachleute.

Die Tafel von Baška ist in glagolitischer Sprache geschrieben und wurde etwa um das Jahr 1100 gemeißelt. 1851 vom örtlichen Pfarrer entdeckt, befindet sich das Original heute in der Akademie der Wissenschaft und Kunst in Zagreb. Im Fußboden der Kirche befindet sich nur noch eine Gipskopie – die en miniature auch als beliebtes Souvenir mitgenommen werden kann.

So bemerkenswert die Tafel von Baška auch ist, die meisten Besucher kommen meist »nur« wegen der Erholung, denn hier hält die Landschaft ein besonderes Highlight parat: An einem weiten, rund 1800 m langen Kiesstrand (er gilt unter Kennern als der schönste auf ganz Krk) ziehen sich die bunten Häuser des Fischerortes an der Küste entlang, überragt von kargen Berghängen – ein fantastisches Bild.

Vom Strand führen einige steile Stufen in die Altstadt hinauf, wo es sich in den engen Gassen herrlich bummeln lässt. Abends laden Eisdielen, Restaurants und Cafés ein, dominiert von der Pfarrkirche aus dem 18. Jh.

Bei einer derart stimmungsvollen Atmosphäre fällt manchem Urlauber der Abschied von Krk doch schwerer, als bei der ersten Begegnung in Omišalj erwartet.

Hotels/andere Unterkünfte

Corinthia
Ein Komplex aus drei verschiedenen Häusern, die alle nahe des Kiesstrandes liegen.
Ulica Frankopanska; Tel. 51/65 61 11, Fax 51/85 65 84 ★ ★ AmEx DINERS EURO VISA

Autocamp Zablaće
Campingplatz nahe der Ortsmitte, direkt am langen Kiesstrand gelegen; hier kann es in der Hochsaison etwas laut werden.
Ulica Emila Geistlicha; Tel. 51/85 69 09, Fax 51/85 65 84

FKK-Autocamp Bunculuka
Etwas außerhalb des Zentrums, oberhalb des Fähranlege-Kais, dafür aber relativ ruhig gelegen; ausschließlich für FKK-Gäste.
Tel. 51/85 68 06, Fax 51/85 68 95

Service

Tourismusverband Baška
Kralja Zvonimira 11, 51523 Baška; Tel. und Fax 51/85 65 44

Dobrinj ■ A 6, S. 118

130 Einwohner

Es muss nicht immer die Küste sein, auch im Inneren lässt sich die Insel Krk entdecken. Obwohl Dobrinj ihre besten Tage bereits hinter sich hat: Die alten Häuser drängen sich dicht aneinander um den Marktplatz und sorgen so für eine besondere Atmosphäre. Natürlich fehlt auch eine Pfarrkirche nicht. Von der kleinen Anhöhe geht der Blick weiter über die fruchtbare Umgebung und zahlreiche Weinfelder. Hier versteckt sich auch die Kirche Sv. Vid aus dem Jahre 1100. Wer die Umgebung des ältesten Ortes auf der Insel Krk erkunden will und nicht gleich weiter bis zur Hauptstadt Krk fahren möchte, sollte Richtung Osten und damit durch einige Weingüter bis nach Šilo fahren. Der Fährort selbst hat allerdings seit dem Bau der Brücke an Bedeutung verloren.

Krk-Stadt ■ A 7, S. 118

In Krk wird der erste Eindruck anfangs von zahlreichen Neubausiedlungen getrübt, ehe im Hintergrund das mächtige Kastell und die Basilika auftauchen.

Wer allerdings vor allem Ruhe sucht, wird der Stadt Krk bald den Rücken kehren.

Hotels/andere Unterkünfte

Koralj
Etwa 1 km vom Ortszentrum Krk entfernt, dafür aber ruhige Lage.
Ulica Vlade Tomašića; Tel. und Fax 51/22 10 44; 400 Betten
★ ★ AmEx DINERS EURO VISA

Autocamping Ježevac
Campingplatz in naturbelassenem Zustand nahe des Hafens.
Ulica F. Zazinovića; Tel. und Fax 51/22 10 81

Touristenbüro Autotrans
Vermittelt Appartements und Privat-
unterkünfte in und um Krk.
Tel. 51/22 11 11

Spaziergang

Die Altstadt von Krk ist Fußgängerzone. Wenn Sie mit dem Auto unterwegs sind, parken Sie das Fahr-
zeug beim Kreisverkehr am Ende der
Ulica Slavka Nikoliča. Anschließend
schlendern Sie auf der Obala Hrvat-
ske Mornarice am Hafen entlang und
erreichen den Trg Bana Josipa Jela-
čiča. Hier befindet sich auch der alte
Stadtturm aus dem Jahr 1407, dahinter schließt sich das von alten
Stadtmauern umgebene Zentrum an
(erbaut im 12.–14. Jh.). Nach dem
Haupttor aus dem Jahr 1493 erreicht
man den Platz Maršala Tita mit zahlreichen Souvenirständen. Folgt man
der Ulica Josipa Jurja Strossmayera
bis zum Ende und biegt dort rechts
in die Ulica A. Stepinča ein, so sieht
man schon bald das **Kastell** aufra-
gen. Dahinter liegt die Kathedrale
Maria Himmelfahrt und nebenan die
Kvirin. Geht man jedoch geradeaus
und folgt einigen Stufen, erreicht
man wieder den Hafen.

Sehenswertes

Altstadt
In ihrer jetzigen Form wurde die **Kathedrale Maria Himmelfahrt** im 12. Jh.
auf den Überresten römischer Ther-
men erbaut. Sehenswert im Inneren
sind vor allem ein reich geschmück-
ter Altar aus dem Jahre 1477 und
die holzgeschnitzte Kanzel aus dem
17. Jh. Aus dem gleichen Zeitraum
stammt der Glockenturm. Gleich nebenan und über einen Durchgang zu
erreichen liegt die ebenfalls sehenswerte **Kvirin**.

   Ende des 12. Jh. wurde das **Kastell**
fertig gestellt. Das Bauwerk ragt direkt an der Küste empor.

Essen und Trinken

Frankopan
Direkt an der Sv. Kvirin und neben
der Kathedrale serviert man Fischspezialitäten; abends ist eine Reser-
vierung ratsam.
Trg Sv. Kvirina; Tel. 51/22 14 37 ★ ★ ★

Einkaufen

Zahlreiche Souvenirstände findet
man auf dem Trg maršala Tita. Auch
die Ulica J. J. Strossmayera eignet
sich zum Shopping.

Am Abend

Diskothek Fortuna
Im Hotelkomplex Zlatni Otok;
Tel. 51/22 10 55

Service

Tourismusverband Krk
Trg Sv. Kvirina, 51500 Krk;
Tel. und Fax 51/22 13 59

Malinska   ■ A 6, S. 118

1000 Einwohner

Seinen bekannten Namen verdankt
der Ort an der Westküste in erster Linie einer gigantischen Hotelanlage:
Der Komplex »Haludovo« mit zahlreichen Hotels in verschiedenen Preis-
klassen und dazu einige Apparte-
menthäuser sollte einst das soziali-
stische Jugoslawien für den mondänen Jetset attraktiv machen. Das
ehrgeizige Projekt ist gescheitert –
heute kommen Pauschaltouristen.
Ihr allabendlicher Treffpunkt ist die
Obala entlang des stimmungsvollen
Hafens mit Cafés, Restaurants und
Souvenirständen.

   Wer etwas Bewegung sucht: An
der Küste führt der Spazierweg Raj-
ski Put entlang. Übersetzt heißt dies
»Paradiesweg«. Vielleicht ist das etwas übertrieben, aber dennoch lohnt

die Wanderung, denn so lassen sich auch einige kleine Strände und Buchten entdecken.

Auch wer es lieber kulturell mag, kommt in der Umgebung auf seine Kosten: Etwas außerhalb von Malinska liegt das Franziskanerkloster **Porat**. Noch etwas weiter entfernt befindet sich der Ort **Glavotok**. Der Fischerort ist in erster Linie wegen des Franziskanerklosters bekannt, in dem sich ein Archiv und eine Bibliothek mit glagolischen Handschriften befindet. Sehenswert ist ebenfalls die Kirche mit einigen Gemälden venezianischer Künstler. Mitte des 15. Jh. hatte Fürst Frankopan hier seine Sommerresidenz.

Wer heute über Nacht bleiben will, muss entweder nach einem Privatzimmer suchen oder sein Zelt auf dem Campingplatz aufstellen. Das große Geld mit den spendablen Auslandstouristen ist ein Stück unerfüllter Geschichte. Heute müssen sich die Pauschaltouristen mit den architektonischen Sünden von früher auseinandersetzen.

Hotels/andere Unterkünfte

Palace
Im Ferienzentrum Haludovo gelegen; bis ins Ortszentrum sind es knapp 2 km; nichts für Leute, die absolute Ruhe suchen, da es ein reichhaltiges Unterhaltungsprogramm gibt.
Tel. 51/85 91 11, Fax 51/85 98 18; 420 Betten ★★★ AmEx DINERS EURO VISA

Slavija Marina
Zentral gelegen in der Nähe des Hafens.
Tel. 85 91 22, Fax 85 91 34; 250 Betten ★★ AmEx DINERS EURO VISA

Touristenbüro
Das Touristenbüro der Stadt Malinska vermittelt Appartements und Privatzimmer in und um Malinska.
Tel. 51/85 92 07

Am Abend

Haludovo
In dem riesigen Komplex aus Hotels, Appartements und einzelnen Villen kommt auch das Nachtleben nicht zu kurz – Zugang haben nicht nur Gäste der Anlage: Im Hotel Tamaris (Tel. 51/85 91 11) befindet sich die gleichnamige Diskothek, in der internationale Top-Hits gespielt werden. Wer es ein wenig mondäner mag: Im Palace gibt es einen Nachtclub. Beide Adressen sind auch für Gäste aus Krk beliebte Night-Spots.
Information: Tel. 51/85 93 43, Fax 51/85 93 30; alle Kreditkarten werden akzeptiert.

Service

Tourismusverband Malinska
51511 Malinska; Tel. und Fax 51/85 92 07

Njivice
■ A 6, S. 118

1200 Einwohner

Ein noch relativ junger Touristenort, der kaum über den anderswo anzutreffenden Charme eines gewachsenen Stadtbildes verfügt. Das Meer an den öffentlichen Stränden erreicht man meist nur über Betonplatten. Allerdings bieten sich von einigen Hotelanlagen aus attraktive Bademöglichkeiten.

Hotels/andere Unterkünfte

Beli Kamik I
Nur etwa 100 m von einem guten Strandabschnitt entfernt; zahlreiche Sportmöglichkeiten.
Tel. 51/84 62 22, Fax 84 61 16; 320 Betten ★★

Jadran
Direkt an einem felsigen, schmalen Küstenstreifen gelegen.
Tel. 51/84 61 05, Fax 51/84 61 16; 440 Betten ★★

Oben: Zeugnis der venezianischen Vergangenheit.

Mitte: Der schönste Strand der
Insel liegt vor Baška (→ S. 70).

Unten: In den engen Gassen von
Baška – absolutes Muss auf der
Liste der Ausflugsziele – lässt es
sich herrlich bummeln (→ S. 70).

Punat

■ B 7, S. 118

1700 Einwohner

Am Ostufer der Puntarska Draga gelegen, hat es der kleine Fischerort bisher nicht geschafft, touristisch aus dem Schatten des großen Nachbarn Krk herauszutreten – obwohl sich hier die größte **Marina** der gesamten Adria mit modernsten Einrichtungen befindet! Wer einen Blick in die Vergangenheit werfen will, sollte die **Ölmühle** aus dem 18. Jh. ebenso wenig versäumen wie die **Dreifaltigkeitskirche**. Abends schlendert man über die Obala am Hafen entlang.

Von Punat führt eine gut befestigte Straße nach Stara Baška an die Küste. Der kleine Fischerort bietet wenig Aufregendes und ist damit nur für Leute mit viel Zeit lohnend.

Hotels/andere Unterkünfte

Park I und II
Zentral an der Obala gelegenes Hotel unweit der Küste.

MERIAN-Tipp

Kosljun – Insel der Glückseligen Gönnen Sie sich einen Moment der Stille – und kehren Sie der Insel Krk von Punat aus den Rücken. Ihr Ziel ist die knapp 600 Meter entfernte kleine Insel Kosljun, dominiert allein von einem Franziskanerkloster aus dem 12. Jahrhundert. Mehrmals täglich verkehren Boote auf die »Insel der Glückseligen«. Der lohnende Tagestrip auf die grüne Klosterinsel – zwei Drittel des Eilandes sind bewaldet – lässt sich problemlos individuell planen und ist eine ideale Abwechslung zum eher kargen Krk. ■ A 7, S. 118

Tel. 51/85 40 24, Fax 51/85 41 01; 480 Betten ★ ★ AmEx DINERS EURO VISA

Autocamp Pila
Liegt am Ortsrand, nahe der Küste.
Tel. 51/85 40 20, Fax 51/85 41 01

Touristenservice More
Vermittelt Appartements und Privatzimmer.
I.G. Kovačića 49
Tel.51/85 41 27, Fax 51/85 40 16

Service

Marinas Punat und **Klimno**
Zentrale:
Tel. 51/65 41 11, Fax 51/65 41 10
Yacht-Service:
Tel. 51/65 41 20, Fax 51/65 41 21

Tourismusverband Punat
51521 Punat; Tel. und Fax 51/85 49 70

Vrbnik

■ B 6, S. 118

950 Einwohner

Einer der wenigen Ferienorte an der Nordostküste der Insel liegt malerisch auf einem Felsen rund 50 m über der Küste. Die unter Denkmalschutz stehende Kastell-Stadt ist beliebtes Ziel von Malern und Touristen gleichermaßen. Neben der erlebenswerten Atmosphäre ist die etwa 15 000 Bücher umfassende **Vitezovic-Bibliothek** sehenswert, darunter auch ein im Jahre 1718 in Nürnberg gedruckter Atlas von J. D. Köhler. Auf jeden Fall sollten Sie die berühmten Käse- und Schinkenspezialitäten des Ortes probieren. Ein idealder Platz dazu ist die Konoba Nada unweit des Kirchplatzes. Wer schöne Strände sucht, kommt hier allerdings kaum auf seine Kosten.

Weitere lohnende Abstecher an der Nordostküste Krks sind die **Bucht von Klimno** und der Fischerhafen **Šilo**.

Über hundert Jahre Touristenziel –
und attraktiver denn je: ein rauer Norden, ein üppig-grüner Süden und ein geschichtsträchtiges Zentrum – Rab.

Rab ■ BC 8, S. 118

Insel Rab 9600 Einwohner
Stadtplan Rab → S. 79

Grünes Erwachen auf den zweiten Blick: Die 94 qkm kleine Insel Rab empfängt den Besucher nicht gerade freundlich, egal ob man das Festland bei Jablanac verlässt oder sich von Baška auf der Insel Krk nähert. Schroffe Karstlandschaft mit spärlicher Macchia flimmert in der Sonne, die in Rab jährlich rund 2500 Stunden scheint und ihr so den Titel »einer der strahlendsten Orte Europas« eingebracht hat. Auch ansonsten imponiert Rab mit heißen Daten: Im Sommer beträgt die durchschnittliche Temperatur 26 Grad. Außerdem soll es jährlich 91 gänzlich wolkenlose Tage geben. Selbst im Herbst bringt man es noch auf stattliche 12,8 Grad. So ist es auch wenig verwunderlich, dass es in diesem Jahrhundert bisher nur viermal auf der Insel geschneit hat. Positiv für die Urlaubsstimmung ist außerdem die Gebirgskette im Norden – der 406 m hohe Kamenjak hält die Bora mit ihren kühlen Festlandswinden ab.

So karg der raue Norden der Insel auch ist, den Süden bedeckt üppiges Grün: Eichen- und Pinienwälder, prächtige Wein- und Maisfelder.

Die Glockentürme von Rab – Erkennungszeichen der Insel – begrüßen Besucher der Insel schon von weitem.

Starke Ansichten: Das zerklüftete Bergpanorama der Insel Rab beeindruckt besonders vom Wasser aus.

Dazwischen immer wieder Zeichen des neuen Wohlstands der Inselbewohner: Pensionen und Hotels, Touristensiedlungen und Campingplätze für rund 22 000 Gäste. Tourismus ist längst die Haupterwerbsquelle der Insel geworden. Im Mittelpunkt steht dabei der sehenswerte Ort Rab, dessen typische »Vier-Kirchtürme«-Ansicht längst zu einem weltweiten Erkennungszeichen auf unzähligen Postkarten geworden ist. Abends drängen sich Besucherscharen unterhalb der steinernen Wahrzeichen durch die engen Gassen der Altstadt, deren Ursprünge bis in das 2. Jh. v. Chr. zurückgehen. Die Geschichte lebt für einen milden Abend erneut auf, auch wenn bis weit nach Mitternacht Parkplätze selbst im weiten Umkreis Mangelware sind.

Tagsüber verteilen sich die Besucher auf verschiedene Orte der 20 km breiten Insel: Der Ferienort **Lopar** auf der Nordspitze der Insel ist vor allem durch seinen fast 2 km langen und sehr sanft ins Meer abfallenden Strand **Paradiso** berühmt – ideal nicht nur für Familien. Ebenfalls gefragt sind **Supetarska Draga** mit Stränden und moderner Marina, **Kampor** mit zahlreichen familienfreundlichen Pensionen und der nahen Touristensiedlung **Suha Punta** sowie **Banjol** und **Barbat**: Die beiden lebendigen Orte liegen östlich der Inselhauptstadt, und der Übergang zum nahen Rab ist längst fließend geworden.

Aber auch die Inselhauptstadt bietet Strände. Die schönsten Buchten sind einfallslos mit Padava I, II und III durchnummeriert worden. Tröstlich allerdings: Sie sind schöner als ihre Namen! Egal, wo man den Tag verbracht hat – abends drängt es die meisten Gäste nach Rab. Und spätestens jetzt wird klar: Rab ist keine Insel für Ruhesuchende!

Möglicherweise war es der Einfluss wechselnder Herrscher, denen die Bewohner Rabs bis in die Gegenwart ihre Offenheit zu verdanken haben: Kein Wunder, dass man bereits im Jahr 1889 mit dem Tourismus begann und dass – angeblich – 1934 auf Rab der erste FKK-Strand eröffnet wurde. Damals soll der englische König Edward VIII. die Raber Behörden gebeten haben, seiner Frau das einmalige Nacktbaden in der **Bucht von Kandarola** zu gestatten. Seitdem trägt der Strandabschnitt nahe Suha Punta auch den Namen Englische Bucht.

Wer durch den grünen Gürtel der Insel fährt oder über den Dächern von Rab einen Sonnenuntergang erlebt, kann die Begeisterung der »Tourismus-Pioniere« von einst nur zu gut verstehen – ob FKK-Fan oder nicht …

Hotels/andere Unterkünfte

Die meisten Unterkünfte konzentrieren sich auf die Orte Rab, Banjol, Kampor mit Suha Punta und Lopar.

Padova I   ■ B 8, S. 118
Östlich der Altstadt von Rab in Banjol; ideal für Urlauber, die sich nicht nur einmal in das Nachtleben der »Insel-Hauptstadt« stürzen.
Šetalište kapetana Ivana Dominisa; Tel. 51/72 44 44, Fax 72 44 18; 390 Betten
★ ★ AmEx DINERS EURO VISA

San Marino   ■ B 8, S. 118
Direkt an einem der schönsten Strände von Rab!
Lopar; Tel. 51/77 51 49, Fax 77 51 28; 1020 Betten ★ ★ AmEx DINERS EURO VISA

Autocamp San Marino ■ B 8, S. 118
Die günstige Alternative für den gleichen Genuss des Paradies-Strandes.
Lopar; Tel. 51/77 51 33, Fax 51/77 52 90

Bungalows Suha Punta ■ B 8, S. 118
Umgeben von Kiefernwald an der gleichnamigen Bucht in einem großen Ferienzentrum gelegen; schöne Strandabschnitte auch in der Nähe.
Kampor; Tel. 51/72 40 60; 690 Betten
★★ AmEx DINERS EURO VISA

Spaziergang

Der beste Ausgangspunkt für einen Rundgang durch die Altstadt ist der **Trg Svetog Krištofora** mit zahlreichen Souvenirständen und Cafés. Von hier aus hat man die Qual der Wahl: Drei Parallelstraßen erschließen das Zentrum – und jede Gasse hat dabei ihren eigenen Reiz: Am besten starten Sie mit der stillen und von der Stadtgeschichte geprägten **Gornja Ulica** (»Obere Straße«), die im Süden liegt und über die große Treppe Bobotine vom Startpunkt aus erreichbar ist.

Zum Shopping und Bummeln bietet sich die **Srednja Ulica** (»Mittlere Straße«) an. Dagegen bietet die **Donja Ulica** (»Untere Straße«), ganz in Hafennähe, zahlreiche Bars und Kneipen wie an einer Perlenschnur aufgereiht.

Endpunkt sollte auf jeden Fall der stimmungsvolle **Trg Municipium Arba** sein, der gesäumt ist von Palmen und umgeben von einem Hauch Geschichte, gemischt mit dem Treiben am Hafenbecken. Wer es ruhiger mag: Von der Altstadt führt ein Fußweg entlang der Küste durch den schönen Park Komrčar zur Sveta Eufemija an der gleichnamigen Bucht. Wenn man sich nicht zu einem Badestopp hinreißen lässt, ist man rund eine Stunde unterwegs.

Sehenswertes

Altstadt von Rab ■ a b 1–4
Natürlich führen alle Wege zum Wahrzeichen des Ortes, den **vier Kirchtürmen,** auf zahllosen Postkarten weltweit zum Klischee geworden. Der Turm der **Sv. Ivan Evangelista** kann kostenlos bestiegen werden – ein Muss wegen des herrlichen Blicks. In der nahen **Sv. Justin** – sehenswert ist das Altargemälde – ist heute das Museum für Sakrale Kunst untergebracht.

Hinter dem Trg slobode – im Mittelpunkt steht eine hundertjährige Eiche, und rechts führen Stufen hinunter zu einigen felsigen Stränden – liegt die **Sv. Andrije** mit dem ältesten Glockenturm der Stadt aus dem Jahre 1181. Hier leben heute noch immer einige Schwestern des Benediktinerordens.

Der mit 26 m höchste Turm (Besteigung möglich), auf dessen Spitze ein Turmhelm mit Kreuz thront, gehört zur Domkirche **Sv. Marija Velika**. Der imposante Dom wurde im Jahr 1177 von Papst Alexander persönlich eingeweiht: Die dreischiffige Basilika im romanischen Stil gehört zu den bedeutendsten Bauwerken dieser Art an der istrischen Adria; sie sollte – nicht nur wegen ihres holzgeschnitzten Chorgestühls aus dem 15. Jh. – unbedingt besichtigt werden. Hinter der Domkirche liegt das ebenfalls aus dem 15. Jh. stammende Kloster **Sv. Antun-Opat**.

Zurück zur Hafengegend: Am Trg Municipium Arba liegt der **Rektorenpalast** aus dem 13. Jh., und etwas oberhalb – nachdem Sie durch ein altes Seetor gegangen sind – kommen Sie zur venezianisch geprägten **Stadtloggia** (Anfang 16. Jh.). Früher wurde in dem achtsäuligen Bauwerk Gericht gehalten. Heute dient die Kulisse der Loggia Straßenkünstlern als Atelier.

Kloster und Kirche Eufemija nördlich ■ b 1
Das Bauwerk aus dem 15. Jh. liegt in der Nähe von Kampor. Sehenswert sind die Bibliothek und der Vertrag über den Klosterbau aus dem Jahre 1446.

Museum

Museum für Sakrale Kunst ■ a 2
Die Sammlung ist in den historischen Gemäuern der Sv. Justin untergebracht.
Gornja Ulica; tgl. 9–11 und 19.30–22.30 Uhr

Essen und Trinken

Aco ■ B 8, S. 118
In Barbat direkt am Meer gelegen; private Atmosphäre, auch Zimmervermietung.
Barbat 458 ★

Labirint ■ b 2
Fischgerichte und zahlreiche lokale Weine bietet das Lokal im historischen Stadtkern.
Srednja Ulica 9 ★★

Santa Maria

Etwas touristisch mittlerweile, aber das hat zwei gute Gründe: Die schmackhaften Fischgerichte und das schöne maritime Ambiente locken nun mal viele Gäste an.
Rab, Kaldanac ★ ★ ★

Einkaufen

Entlang der Srednja Ulica findet man alles, was das Herz im Urlaub begehrt. Schlendern Sie in Ruhe von Shop zu Shop, und vergleichen Sie die Preise, es lohnt sich!

Am Abend

Nach Sonnenuntergang werden die Promenade am Hafen und der Altstadtbezirk Grad zu einer riesigen Freilichtbühne mit Straßenkünstlern und Open-Air-Musikanten. Wer die Atmosphäre als Zuschauer genießen will, trinkt seinen Kaffee im Bistro Park am Trg Svetog Kristofora oder im Schatten der historischen Kulisse am Trg Municipium Arba. Später trifft sich die Szene u. a. in der Diskothek »Black Jack« im Stadtteil Palit.

Service

Tourismusverband Rab   ■ b 1
Donja Ulica 2, 51280 Rab;
Tel. und Fax 51/72 40 64

Hafenamt Rab   ■ b 3
Trg Municipium Arba; Tel. 51/72 41 03

Fährlinie Rapska plovidba
Die Gesellschaft ist für alle Verbindungen zum Festland und zur Insel Krk zuständig.
Rab, Stjepana Radića 3; Tel. 51/72 41 22, Fax 51/72 41 08

Insel in der Umgebung

Pag   ■ F 10, S. 121

Der erste Eindruck lässt sich nur schwer verdrängen: Die trostlose Kargheit der Insel beeindruckt den Besucher, überzeugt aber nur die wenigsten. Grün dagegen ist der Hauptort Pag mit winkeligen Gassen und schönen Gärten in der Nähe des Hafens. Fazit: Ein längerer Aufenthalt bzw. mehrere Besuche auf Pag sind wohl nur Liebhabern dieser Insel zu empfehlen, ein Tagesausflug für Rab-Urlauber lohnt sich jedoch auf jeden Fall!

Service

Tourismusverband Pag
Od špitala b. b., 53290 Pag;
Tel. und Fax 53/61 13 01

Im Kloster Sv. Antun-Opat in der Altstadt von Rab – es stammt aus dem 15. Jahrhundert – lohnt sich der Blick auf Details.

Der Urlaubsalltag spielt sich in erster Linie an der Küste ab. In punkto Badespaß hat der Feriengast die Wahl zwischen hervorragend erschlossenen Stränden in den Tourismus-Hochburgen und stillen Buchten auf den Inseln in der Kvarner Bucht, die oftmals nur mit dem Boot zu erreichen sind.

Gute Bademöglichkeiten, viele Strände, verschwiegene Buchten und sauberes Wasser: kein Wunder, dass hier jeder Urlauber gerne »baden geht«!

Die Wassertemperaturen an der Küste liegen in der Hochsaison zwischen 20 und 25 Grad. Gute Voraussetzungen zum Schwimmen,

Schnorcheln und Tauchen also! Das Angebot an **Wassersport-Aktivitäten** ist breit gefächert. Wer internationale Sportereignisse in Istrien besucht, sollte Folgendes beachten: Die Wettkämpfe haben eine hohe nationale Bedeutung für die Menschen im jungen Staat. Bei den Veranstaltungen geht es auch um die Verteidigung und die Demonstration eines meist sehr ausgeprägten Nationalstolzes, der nach der Wiedererlangung der Unabhängigkeit im Jahre 1990 besonders intensiv zur Schau getragen wird.

Golf

Auch in Istrien können Gäste bald einlochen: Neun 18-Loch-Anlagen sind in Planung bzw. wie in Porec kurz vor der Fertigstellung. Standorte

Step by step ins kühle Nass: Unterhalb des Hotels Rovinj führen einige Stufen zwischen den Felsen hindurch ins Wasser. Vom »Strand« aus genießt man ein großartiges Küstenpanorama.

für die Plätze sind Porec (2), Umag, Rovinj, Novigrad, nahe Pula, im Hinterland bei Buzet am Pontinegra-See, in Pican und nahe Labin. In Tar bei Lanterna gibt es bereits eine Driving Range.

Radfahren

Im Hinterland gibt es ein ausgeschildertes Routennetz an Radwegen. Der Tourismusverband der Region Istrien verschickt verschiedene Bike-Karten. Wer es (leistungs-)sportlich mag: Jährlich Anfang Oktober findet in Parenzana für Mountainbiker ein Etappen- bzw. Marathonrennen statt (Infos: Tel. 0 52/45 27 97; E-Mail: denis.ivosevic@zup-istarska.tel.hr).

Segeln/Motorsegeln

Immer beliebter wird die istrische Küste für private Bootstouristen, die oftmals aus italienischen Gewässern

einreisen oder ihr Schiff in Kroatien selbst zu Wasser lassen. Das Netz der Marinas ist inzwischen gut ausgebaut. Die Wichtigsten auf dem Festland sind Umag, Novigrad, Červar-Porat und Parentium (beide rund 8 km von Poreč entfernt), Rovinj, Pula, Veruda und Pomer (beide nahe Pula) sowie zwei Anlegestellen in Opatija. Alle Marinas verfügen über Vertäuungen, Heber, Tankstelle sowie Serviceangebote. Eine moderne Marina mit mehr als 280 Liegeplätzen öffnete im Juli 2000 in Vrsar.

Tennis

Die bekannteren Touristenhotels verfügen inzwischen über Tenniscourts, ebenso die größeren Campingplätze. Öffentliche Anlagen sind dagegen noch selten.

Wandern

Istrien ist keine typische Wanderregion, dennoch bieten sich einige Trips: Im Landesinneren ist bei Erkundungen des bis über 1200 m hohen Gebirges Ććarija gute Kondition und Ausrüstung erforderlich. 30 km von Rijeka liegt im Landesinneren der Nationalpark Risnjak. Dort führt ein markierter Wanderweg auf den 1528 m hohen Veliki Risnjak. Dagegen können Sie auf den Inseln der Kvarner Bucht (vor allem auf Cres) mit etwas Kondition problemlos wandern.

Auf dem rund 5 km langen Küstenwanderweg Lungomare zwischen Opatija und Lovran kann die ganze Familie unterwegs sein.

Das Ausflugsgebiet rund um die Plitvicer Seen ist zum Nationalpark und UNESCO-Weltnaturerbe erklärt worden. Das Wald- und Seengebiet durchzieht ein Netz gut markierter Wanderwege. Die für den Autoverkehr gesperrten Brijuni-Inseln lassen sich gut zu Fuß erkunden.

Wasserski/Jetski

In den größeren Badebuchten wird fast immer die Möglichkeit zum Wasserskilauf geboten. Stärker gefragt sind allerdings Motorboot-Paragliding und – zum Leidwesen vieler Badegäste – die motorisierten Jetskis. Im Sommer 1994 kam es hierbei vor der Insel Lošinj zu einem schweren Unfall, bei dem eine deutsche Touristin getötet wurde. Strengere Gesetze zur Überwachung der motorisierten Wassersportgäste wurden daraufhin angekündigt. Trotzdem sollten besonders Schwimmer, die sich weiter von der Küste entfernen, auf die Jetski-Fahrer achten.

Windsurfen

Surfer finden ruhige bis mittlere Windstärken. Die Center für Leihbretter werden – vor allem in den Touristenzentren – immer zahlreicher.

MERIAN-Tipp

Duty-free-Shopping Belohnung für sportliche Strapazen vom kroatischen Fiskus: In den Häfen gibt es Duty-free für Segler und Motorboottouristen. Günstiger Einkauf von Zigaretten, Alkohol und Parfum soll die Staatskassen mit Urlauberdevisen füllen. Normale »Landtouristen« haben allerdings keine Chance: Die Läden sind ausnahmslos den Wassersportlern vorbehalten. Insgesamt gibt es im istrischen Teil Kroatiens 18 Marinas. Die Anzahl im gesamten Land beträgt mittlerweile 45 Anlagen, von denen ein Teil privat gemanagt wird. Ansonsten ist der Adriatic Croatia International Club (ACI) verantwortlich.

Strände

Die istrischen Strände haben oftmals den bereits erwähnten Nachteil, dass man nur über Felsen oder Betonplatten zum Wasser gelangt. Plastiksandalen zum Baden und eine feste Unterlage zum Sonnen sollte man deshalb unbedingt an den Strand mitnehmen. Sandstrände sind in Istrien selten.

Schöne Strandschnitte finden sich trotzdem überall entlang der Küste: Bei Porec lohnt das Abtauchen und Sonnen am **Zelena Laguna**; auf den Insel vor Rovinj besonders am **Zlatni rt**. Ein schöner Sandstrand findet sich mit dem **Camp Medulin** in der Nähe des gleichnamigen Ortes, in der Bucht von Rabac, rund um **Punta Kriza** auf der Insel Cres, beim Hotel Belvedere in **Vrsar**, in **Baska** auf der Insel Krk, in **Lopar** auf der Insel Rab, wo sich der fast 2 km lange Strand **Paradiso** erstreckt.

Schön, aber etwas schwer zu erreichen ist der Strand von **Lubenice** auf der Insel Cres, deshalb bevorzugen viel Cres-Besucher eher die Bucht von **Martinscica** oder die stillen Buchten von **Beli**.

Istrien ist, wie einst das frühere Jugoslawien, ein ideales Ziel für FKK-Urlauber. Entlang der Küste gibt es zahlreiche reine **Nudistenstrände** und FKK-Campingplätze. Der älteste Strandabschnitt für Nacktbader befindet sich in der Englischen Bucht auf der Insel Rab. Trotz aller Freizügigkeit: An einem Textilstrand sollte man allerdings auch in Istrien auf das Nacktbaden verzichten.

Ferien für Romantiker: Segeln vor Istriens Küste hat Tradition. Segeltörns sind seit Jahren eine beliebte Art, Urlaub zu machen.

Während anderswo am Mittelmeer längst spezielle Kinderprogramme für die Ablenkung der Kleinen sorgen, ist in Istrien oftmals Eigeninitiative der Eltern gefragt. Natürlich sind die großen Touristenhotels zumeist gut auf Urlauber mit Kindern eingestellt. Besonders in den Hotels der spanischen Sol-Meliá-Gruppe (dazu gehören u. a. der Sol vinj (→ S. 52) bieten eine umfangreiche Kinderbetreuung an. Ein viel versprechendes Projekt entsteht in Medulin: Der Ort unterstützt finanziell einheimische Familien, die Familienurlaub anbieten. Schon bald wollen so etwa zehn Privathäuser attraktive Angebote für Eltern mit Kindern anbieten.

Prima für Kinder sind die Campingplätze. Nicht ganz problemlos beim Urlaub mit der ganzen Familie sind die Felsplatten-Strände und Seeigel.

Club Istra und das Hotel Meliá Eden in Rovinj sowie das Sol Stella Maris und das Sol Polynesia in Umag oder auch das Inselhotel Katarina in Ro-

Nicht ganz so gut sieht es allerdings entlang der Küstenstrände aus. Größter Nachteil: Meist ist das Wasser nur über Felsen oder Betonplatten zu erreichen. Danach fällt die Küste oft ziemlich steil ins Meer ab. Rettungsschwimmer sind an den zahlreichen Strandabschnitten an der zerklüfteten Küste normalerweise nicht zu finden. Gefahren lauern auch im Wasser: Auf den Felsen haben sich fast überall Seeigel angesie-

Historische Mauerreste – wie hier im Brijuni-Nationalpark – sind ideale Spielplätze.

delt. Deshalb ist es – nicht nur für Kinder – ratsam, stets mit Plastiksandalen ins Wasser zu gehen. Ansonsten drohen schmerzliche Urlaubserinnerungen, die häufig eitern und nur von einem Arzt aus dem Fuß herausgeholt werden können.

Besser sieht es an den Stränden der Campingplätze aus: Hier sind die Uferabschnitte meist flacher und die Gefahren durch Seeigel wesentlich geringer. Nicht nur deshalb ist ein Campingaufenthalt für Kinder sicherlich die aufregendste Form eines Istrien-Urlaubs. Leider fehlt es in vielen Anlagen oftmals an einer guten und umfassenden Kinderbetreuung. Dafür kommen Kinder hier schnell mit Gleichaltrigen in Kontakt. So schließen auch die Eltern neue Bekanntschaften ... Abseits der Hotelanlagen und der Strände sind Eltern-Aktivitäten gefragt, denn noch fehlt es an Freizeit- und Unterhaltungs-

parks. So sind etwa die in anderen Ländern längst gängigen Wasserparks hier zu Lande erst auf dem Reißbrett vorhanden. Auch deshalb gehört beispielsweise ein Abstecher in die Höhlen von Baredine vor allem für Gäste in der Umgebung von Porec zu den empfehlenswerten Ausflugshöhepunkten. Wer es dagegen sportlich mag: In Umag gibt es spezielle Tennis-Kinderkurse, und küstenweit bieten immer mehr Tauchschulen Schnorchel-Schnupperkurse für den Nachwuchs an.

Vorsicht: Sonnenbrandgefahr ist vor allem bei Kindern äußerst groß. In der prallen Mittagshitze sollten Sie sich mit dem Anhang im Schatten aufhalten. Eine Sonnencreme mit hohem Lichtschutzfaktor sowie Medikamente gegen Sonnenbrand sollten mit ins Urlaubsgepäck. Vorteilhaft beim Stadtbummel: Die meisten Altstädte in den Touristenorten sind zu Fußgängerzonen umgewandelt worden. Sie können Ihren Kindern also (fast immer unbesorgt) richtig freien Lauf lassen.

Es muss nicht immer die Küste sein – und die Kinder werden es Ihnen danken. Denn mittlerweile gibt es ein umfangreiches Angebot von Ferien auf dem Bauernhof. Vielerorts dreht sich dabei (fast alles) ums Reiten, Wandern, Radfahren und natürlich um den ganz normalen Bauernhof-Alltag. Wer aufs Pferd kommen möchte, sitzt auf der Ranch Goli Vrh (Tel. 52/73 02 07 ★) 9 km von Umag richtig im Sattel. Schloss-Ambiente bietet das Landgut Pineta (Tel. 52/86 50 15 ★) bei Labin. Und einen Haustierzoo kann der Nachwuchs auf dem Gehöft Spinovci (Tel. 52/68 34 04 ★) bei Rakotole (Umgebung von Motovun) erleben. Eines haben alle Angebote gemein: Inner-Istrien bietet zumeist (noch) preiswerten Urlaub für die ganze Familie.

Inselhüpfen heißt Küsten entdecken – die Küsten von Cres, Lošinj, Krk und Rab. Doch das »wahre« Istrien – so sagt man – findet man erst im Hinterland.

Über die Wellen zu Istriens Schönheiten: Fähre von Brestova nach Porozina auf Cres.

Von Poreč durchs Landesinnere

Das wahre Istrien liegt im Landesinnern, das Sie am besten mit dem Auto, etwas Abenteuerlust und viel Zeit für Genuss erkunden.

Poreč

2 km

Špadići

9 km

Višnjan

12 km

Motovun

7 km

Istarske Toplice

Nach einigen Tagen in Poreč, die man meist mit Erholung zwischen Strand und Nachtleben verbringt, bietet sich die Erkundung des Landesinneren als lohnende Abwechslung an. Wenn Sie nicht mit dem eigenen Auto unterwegs sind, mieten Sie einen Wagen (Info beim Tourismusverband Poreč → S. 42). Auf der Hauptstraße Richtung Norden biegt man bei Špadići nach rechts ab, verlässt die Küste und taucht ein in die hügelige Landschaft Istriens, die geprägt ist von Landwirtschaft und jahrhundertealter Geschichte.

Nach rund zehn Kilometern erreicht man die Stadt Višnjan mit der barocken Pfarrkirche und der Stadtloge am Hauptplatz. Vorbei an Rakotule, umgeben von weiten Weinbergen, führt die enge Straße zum ersten Höhepunkt: Motovun ist ein Muss. 288 Meter »schwebt« der Ort über der Landschaft, nur überragt von der Pfarrkirche Sv. Stefan. Umgeben von einer bis zu 15 Meter hohen Stadtmauer, die stellenweise noch begehbar ist, haben sich Teile des mittelalterlichen Stadtbildes bewahrt. Im Café hinter dem Stadttor – mit schönem Blick auf das Tal und den Fluss Mirna – lohnt sich ebenso eine Erfrischungspause wie vor dem Hotel Kaštel im Schatten alter Bäume.

Wenn Sie nicht mit dem Auto zum Stadtkern aus dem 13. Jahrhundert hinaufgefahren sind, sondern zu Fuß die 1052 Stufen bewältigt haben, dann sollten Sie sich im fünf Kilometer nordöstlich gelegenen Istarske Toplice erholen: Hier liegen landesweit geschätzte Thermal- und Heilquellen, die bereits die Römer zu schätzen wussten. Obwohl heute vor allem Rheumatiker den Ort aufsuchen, die in Schlamm und Schwefel auf Linderung ihrer Schmerzen hoffen, sollte auch der Durchreisende sich hier eine Ruhepause gönnen. Am besten verbunden mit einer kulinarischen Stärkung, denn die Gegend ist bekannt für ihre Trüffeln!

○ **Istarske Toplice**

7 km

○ **Buzet**

In **Buzet** heißt es dann wieder die Augen noch oben richten: Der erstmals 804 erwähnte Ort thront auf einem Hügel über der Mirna-Quelle. Sehenswert sind, neben dem Heimatmuseum, die Stadttore und Verteidigungsanlagen sowie 14 Kirchen, von denen eine, nämlich Sv. Juri, mit wertvollen Gemälden ausgestattet ist. Hinter Buzet beginnt das Gebirge Ćićarija (bis über 1200 Meter hoch), das sich für Wanderungen und zum Bergsteigen eignet. Wer diesen sportlichen Ausflug plant, sollte in Buzet übernachten (Info beim Tourismusverband Buzet, Tel. 52/66 23 43).

Bei der Wahl der Lokalität für das Abendessen sind dann aller guten Dinge mindestens drei: Ein unbedingtes Muss, wenn Sie nicht schon tagsüber da waren, ist die »Konoba Toklarija« (Sovinjsko Polje; Tel. 52/66 30 31) unter Küchen-Leitung von Nevio Sirotic, der seine Gäste mit Kaninchenroulade oder Trüffelpilzen verwöhnt. Doch Achtung: Reservieren Sie früh genug, denn die Konoba hat nur Platz für 38 Gäste. Sind Sie zu spät dran, folgen Sie einfach der Route: In der »Humska Konoba« (Tel. 52/66 00 05, Fax 66 00 01) in Hum wird der Gast ebenfalls bestens versorgt. Nach der hervorragenden Nedeva-Suppe oder pikanten Fuzi mit Trüffeln ist ein »Biska«, ein bekömmlicher Mistelschnaps, Pflicht.

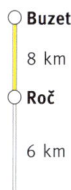

Angeblich wird hier der Mistelschnaps noch nach dem Rezept des Pfarrers von nebenan destilliert.

Alternativ bietet sich auch der Abstecher nach **Draguc** in die gleichnamige Konoba des Ortes (Draguc 38; Tel. 52/69 00 18) an. Egal, für welchen Platz Sie sich entscheiden – jedesmal gilt: Ein schöner Abend ist garantiert!

Der nächste Abstecher ist sozusagen eine Einbahnstraße, aber für jeden Urlauber, der genug Zeit hat, lohnend: Beim acht Kilometer entfernten Roč biegt man Richtung Hum 👫 ab, der »kleinsten Stadt der Welt« mit nicht einmal zwei Dutzend Häusern. Das ehemalige Castrum Chlom liegt am Ende der so genannten Glagoliterallee (aleja glagoljasa): Elf Gedenkstätten erinnern auf

○ **Buzet**

8 km

○ **Roč**

6 km

○ **Hum**

Hum

14 km

einer sieben Kilometer langen Strecke an die Gla-
goliza, die erste altslawische Schrift, die von den
slawischen Aposteln Kyrillos und Methodios im
9. Jahrhundert entwickelt und verbreitet wurde.
Vom kurzen Rundgang zwischen der mit Fresken
geschmückten Kirche Sv. Jeronim und der Pfarrkirche können Sie sich ganz rustikal in der »Humska
Konoba« des Ortes ausruhen.

Buzet

10 km

Draguč

14 km

Wieder zurück in Buzet, dem nördlichsten
Punkt der Reise, folgt man den Hinweisschil-
dern Richtung Prodani. Von nun an führt der Weg
nach Süden. Draguč wird man kaum ohne einen
Stopp passieren, ehe man auf der Hauptstraße 2–1
nach Pazin kommt. Für die Zentralregierung in Zagreb ist die Stadt das politische und wirtschaftliche
Zentrum Istriens. In den Herzen der meisten Istrier
steht allerdings Pula an der Adriaküste auf Platz
eins. Und Touristen würden wohl ebenso entscheiden.

Pazin

4 km

Während bei den meisten Orten der Route bisher der Blick nach oben auf Hügel und Berge
ging, richten sich in Pazin (Info: Tourismusverband,
Trg Stari 8, Tel. 52/62 24 60) alle Augen erst einmal nach unten: In einem 130 Meter tiefen Loch,
der Paziner Höhle, verschwindet der Fluss Pazinci-
ca. Direkt am Rande dieser Schlucht ragt das Kastell auf, dessen Grundmauern bis in das 9. Jahrhundert zurückreichen. Hier befindet sich auch
das Paziner Heimatmuseum mit zahlreichen archäologischen und ethnologischen Ausstellungs-
stücken. Sehr schöne spätgotische Fresken lassen
sich in der Kirche Sv. Nikolaus betrachten. Wer
unbedingt in Pazin übernachten will: Das Motel
Lovac (Tel. 52/62 43 24; 54 Betten; ★★) bietet die
Gelegenheit dazu.

Beram

*Bild S. 93:
Ein mittelalterliches
Dorf im Hinterland
von Istrien.*

Der Besuch in Pazin ist jedoch nicht vollständig
ohne einen Abstecher nach Beram: Die goti-
sche Friedhofkirche Sv. Marija na Škriljinah – etwa
einen Kilometer nordöstlich vom Ort entfernt –
gehört mit ihren mittelalterlichen Fresken im Inneren zu den kulturellen Höhepunkten ganz Istriens.
Die Arbeiten fertigte Vincentius de Castua im Jahre
1474. Insgesamt sind in 46 Abschnitten Szenen

Beram ○ aus dem Leben Christi und der Gottesmutter zu
sehen.

5 km

Pazin ○ Zurück in Pazin, führt die Fahrt 15 Kilometer weiter Richtung Süden nach Žminj, das im Herzen
Rot-Istriens liegt. Den Namen verdankt die Region
der roten Erde. Ihr »Weltruhm« geht dagegen auf
das gute Holz zurück, das im Mittelalter für Schiffe
und Weinfässer gleichermaßen verwendet wurde.
Nachdem Sie einen Blick auf und in die Pfarrkirche
14 km mit dem schönen Altar sowie die Kirche der hl. Drei-
einigkeit geworfen haben, können Sie bei viel Zeit
noch einen Abstecher in das weiter südlich gelegene Renaissance-Städtchen Svetvinčenat werfen.

Žminj ○ Ansonsten können Sie sich auf eine Erfrischung
freuen, denn von Žminj aus gibt es nur noch
ein Ziel: die Küste, die nach etwa 180 Kilometern
im Landesinneren erreicht sein wird. Über Kanfanar
20 km erreichen Sie die Hauptstraße 2 (nur wenn Sie es
eilig haben, bietet sich die Schnellstraße nach Nor-
Rovinj ○ den an). Wer **Rovinj** nicht kennt, fährt an der »2«
geradeaus weiter und erreicht den Touristenort
nach elf Kilometern.

Wer lieber direkt zurück Richtung Poreč möchte, hält sich rechts und kommt nach kurzer
Zeit an den östlichen Ausläufer des Limski Fjords.
Auch wenn sich die Strände hier nicht mit anderen
25 km Gestaden vergleichen lassen: Eine kurze Abkühlung lohnen sie trotzdem – zumal in den Restaurants am Ufer des Fjordes auch frische Austern und
Fisch angeboten werden.

So gestärkt, brechen Sie bei Sonnenuntergang
zum letzten Teil der Entdeckungstour auf – und
schon bald erreichen Sie bei Vrsar die Küste und
Vrsar ○ anschließend den Ausgangsort Poreč. Am nächsten Morgen hat Sie der Urlaubsalltag zwischen
8 km Strand und Nachtleben vielleicht schon wieder –
und Sie haben das gute Gefühl, das Landesinnere
und damit das geschichtsträchtige Herz Istriens
Poreč ○ kennen gelernt zu haben.

Dauer: 1–2 Tage; **Karte:** → S. 116

Inselhüpfen im Kvarner Golf

Eine Robinsonade der besonderen Art mit einsamen Stränden und lebhaften Häfen erwartet Sie bei diesem Ausflug.

Wenn Sie in Poreč oder Rovinj Ihr Urlaubs-Quartier haben, starten Sie einfach durchs Inland Richtung Kvarner Bucht; Ihr Ziel ist nach rund 70 Kilometern **Brestova**, von wo aus stündlich (zwischen 6.30 und 20.30 Uhr; zusätzliche Abfahrten werden in der Hochsaison angeboten) die Fähre zur Insel Cres startet.

Cres, Losinj, Krk und Rab: vier Inseln in der Kvarner Bucht, die eine abenteuerliche Entdeckungstour lohnen ...

Nach 20-minütiger Fahrt erreichen Sie Porozina, und das Abenteuer Cres kann beginnen: Für viele Besucher ist die Insel trotz ihres schroffen Karstgesteins die schönste Insel des Golfs. Belege für diese Überzeugung gibt es bereits kurz nach der Ankunft genug: Der Abstecher nach Beli, ein Rundgang durch das alte Zentrum von Cres oder ein Glas Rotwein in der Abendstimmung von Valun, wo Sie übrigens am besten die erste Übernachtung einplanen, überzeugen auch weniger eingeschworene Insel-Freaks.

Lošinj, eine Insel mit Gegensätzen: Ihre Nordwestküste ist steil und felsig, ihre flachere West- und Südwestküste von Pinienwäldern bedeckt.

Der nächste Tag gehört ganz der Insel Cres: Baden können Sie wunderschön rund um **Punta Križa**, zu Abend essen sollten Sie in **Ustrine** und übernachten in Osor. Diese 4000 Jahre alte Stadt ist auch der beste Ausgangsort für die Entdeckung der Nachbarinsel Lošinj am nächsten Tag: Den Ort Veli Lošinj sollte man auf keinen Fall versäumen. Falls Sie nicht mehr viel (Urlaubs-)Zeit haben: Von Mali **Lošinj** verkehrt eine Fähre nach **Pula** und bietet so die schnelle Rückkehr zum Ausgangsort.

In den Sommermonaten verkehrt die Fähre täglich; Abfahrt 10.20 Uhr, Ankunft Pula 14.20 Uhr.

Am nächsten Morgen sollten Sie Osor nicht allzu spät den Rücken kehren, denn es steht heute ein Insel-Wechsel bevor: Dazu müssen Sie ein Stück zurück Richtung Hauptstadt Cres, lassen den Ort jedoch links liegen und fahren wenig später rechts ab nach **Merag**: Die Fähre (Abfahrt etwa jede Stunde) bringt Sie in gut 20 Minuten nach Valbiska auf Krk, der größten Kvarner-Insel. Sehenswert ist die gleichnamige Hauptstadt mit der Kathedrale Maria Himmelfahrt, dem Kastell und den Überresten der Altstadtbefestigung. Nach einem Mittagessen – am besten im Restaurant Frankopan, gleich neben der Kirche Sv. Kvirin – fahren Sie gemütlich auf einer meist gut ausgebauten Straße Richtung Baška (19 Kilometer). Der Küstenort bietet einen der schönsten Strände Krks, eine stimmungsvolle Altstadt und lässt beim Besucher eigentlich nur eine Frage offen: Wie lange kann ich bleiben?

Die Fähre hat man dabei immer vor Augen – die Überfahrt zur Insel Rab lässt sich also auch spontan beschließen. Ihre Badesachen brauchen Sie allerdings während der knapp 45-minütigen Passage (im Sommer vier Abfahrten täglich: um 9, 13, 16 und 20 Uhr) gar nicht erst zu verstauen: Bereits kurz nach der Ankunft in Lopar lockt die Küste zum nächsten Bade-Stopp. Entspannen Sie sich, denn bis zum »Etappenziel« nach Rab sind es nur knapp 20 Kilometer – und hier müssen Sie in der Altstadt auf jeden Fall den Abend verbringen. Am besten gönnen Sie sich zuerst den herrlichen Blick vom Kirchturm als Einstimmung, und anschließend lassen Sie bei einem Glas Rotwein in einem der zahlreichen Restaurants der Stadt die letzten Tage Revue passieren. In der Raber Altstadt ist es übri-

Der Sandstrand Paradiso bei Lopar fällt sanft ins Meer ab, ist ideal für Familien mit Kindern und fast zwei Kilometer lang – also ein Muss für jeden Rab-Besucher.

gens mit der Insel-Idylle vorbei; stattdessen gibt es einen recht lebhaften Abschied von der Kvarner Bucht.

Am nächsten Morgen müssen Sie sich wieder einmal entscheiden: Die billigere, aber nervenaufreibende Rückfahrt mit dem Auto führt von Mišnjak zum Festland bei Jablanac und über die E 65 nach Rijeka. Besser, weil erholsamer, ist die Passage mit der Fähre nach Rijeka.

Was Sie bei der Planung des Insel-Hoppings unbedingt beachten sollten: Zum einen kann es in der Hochsaison zu Wartezeiten (höchstens 1 Stunde) vor den Fähren kommen; dies sollten Sie beim Zeitplan einkalkulieren. (Schlechter sieht es oftmals bei der Verbindung Mišnjak–Jablanac aus: Längere Wartezeiten sind hier leider normal. Außerhalb der Hochsaison verkehren die Fähren weniger regelmäßig.) Zum anderen sind die Insel-Hotels in der Regel ausgebucht, oder man vermietet prinzipiell keine Zimmer für weniger als drei Nächte. Hier heißt die einzige Lösung Camping – zumal das Angebot an Plätzen umfangreich ist und die Ausstattung meist guter Durchschnitt.

Dauer: mindestens 5 Tage; **Karte:** → S. 117, 118, 121

Reservieren nötig: Fahren Sie auf keinen Fall in der Hoffnung los, irgendwo auf jeden Fall ein Zimmer zu finden!

Am Trg Municipium in Rab trifft sich Alt und Jung.

Buchten und Berge auf der Insel Lošinj

Eine lohnende Strandalternative: Steigen Sie Lošinj für einen Tag auf das Dach.

Wer sich sportlich betätigen will, dem bieten sich auch in Istrien zahlreiche Wandermöglichkeiten. Ideal für Trips in die Berge sind die Inseln Cres und Lošinj. Am höchsten hinaus führt dabei der Lošinjer Wanderweg zum 589 Meter hohen Gipfel Televrin im Gebirgszug Osorščica.

Frühaufsteher sind gefragt, denn man muss rund vier bis fünf Stunden Zeit einplanen und sollte vor der großen Mittagshitze am Ziel sein. Start ist in **Nerezine** neben der Kirche Sv. Maria Magdalena. Der anfangs gut angelegte Weg führt später über einige Steinfelder.

Nach einer knappen Dreiviertelstunde erreicht man den ersten Kontrollpunkt (Pocivalica). Nun führt der Weg bergauf bis zur **Sv. Nikola**, wo sich nicht nur der zweite Kontrollpunkt, sondern auch ein idealer Rastplatz befindet. Von hier aus haben Sie den besten Ausblick: die Inseln Unije und Susak im Westen; das alte Osor und dahinter die Insel Cres im Norden; im Osten liegt Nerezine ganz nah und am Horizont die Insel Rab; im Süden erkennt man bei klarem Wetter große Teile von Lošinj und weiter entfernt die Insel Pag. Nahe der Kapelle steht ein Wegweiser: Sie können hier nach Nerezine hinabwandern, oder Sie steigen auf den **Televrin**. Zuvor sollten Sie den kurzen Abstecher zur **Höhle des hl. Gaudentius** einplanen: Der Schutzheilige von Osor lebte im 11. Jahrhundert hier oben lange Zeit als Einsiedler.

Bild S. 99: Beliebtes Ziel für alle Segler ist der Hafen von Veli Lošinj. In den zahllosen Restaurants gibt's Fisch, frisch aus dem Meer, dazu ein Glas Wein – so kann man den Tag beschließen ...

Für Wanderer geht es von nun an bergab: Vom »Berg« Gredice (338 Meter) erreicht man nach rund einer Stunde das Ziel **Osor**.

Dauer: mindestens 5 Stunden; **Karte:** → S. 67

Von den Anreisemöglichkeiten

über Einkaufstipps und den Festkalender bis zu den Zollmodalitäten: Alles Wissenswerte ist hier übersichtlich aufgeführt.

Traditionelle Trachten sieht man mit etwas Glück auf lokalen Volksfesten, wie hier in Baska auf der Insel Krk.

Mit dem Auto

Sie wollen zügig, ohne längere Zwischenstopps, ans Ziel? Dann gibt es nur einen Weg Richtung Istrien-Urlaub: über München, Salzburg und die **Tauernautobahn** nach Villach. Ab 1. Jan. 1997 benötigt man für Schnellstraßen und Autobahnen in Österreich eine Vignette. Der **Tauerntunnel** und der **Karawankentunnel** sind gebührenpflichtig, jedoch ohne Vignette zu befahren. Von Villach aus bieten sich – je nach geografischer Lage des Ziels – zwei Alternativen an: Wer den Urlaub im Norden Istriens verbringt, fährt am besten über die italienische Autobahn (Tarvisio/Udine) nach Triest und erreicht nach kurzer Fahrt durch Slowenien die istrischen Ferienorte Umag und Novigrad. Wer die Kvarner Bucht ansteuert, wählt besser die Route durch den **Karawanken-Tunnel** und fährt weiter über Ljubljana und Postojna Richtung Küste.

In Ljubljana sollten Sie einen Zwischenstopp einlegen und die schöne Stadt mit dem ehemaligen fürstbischöflichen Palais und der mittelalterlichen Burg besichtigen. Informationen hierzu finden Sie in dem Band MERIAN *live!* Slowenien. Wichtig: Neben Führerschein und Fahrzeugschein wird eine **Grüne Versicherungskarte** benötigt (Sie müssen nach wie vor mit häufigen Kontrollen bei der Durchreise in Slowenien sowie bei der Einreise nach Kroatien rechnen!).

Informationen:
ADAC-Zentrale
Am Westpark 8, 81373 München;
Tel. 0 89/7 67 60, Fax 76 76 25 00

Mit der Bahn

fährt man zwar nicht sehr komfortabel, aber ohne Stress über Ljubljana nach Rijeka oder Pula. Der Eurocity »Mimara« fährt täglich von Leipzig über Nürnberg, München, Salzburg und Ljubljana nach Zagreb und verbindet damit Deutschland und Kroatien auf direktem Weg. Mit dem Schlaf- oder Liegewagen kommt man ausgeruht am Zielort an. Beispielsweise ist man von München nach Rijeka ca. 9 Stunden, von München nach Pula ca. 13 Stunden unterwegs. Vorherige Platzreservierung ist ratsam bzw. bei Liegewagen notwendig.

Mit dem Bus

Billig, aber meist anstrengend: Von fast allen deutschen Großstädten bestehen zahlreiche Busverbindungen nach Kroatien. Das umfangreichste Netz bietet die Gesellschaft **Touring**, die von verschiedenen deutschen Städten u. a. Verbindungen nach Zagreb, Rijeka, Split und Dubrovnik im regelmäßigen Liniendienst unterhält. Außerdem gibt es zahlreiche kleinere Charteranbieter, die kroatische Arbeitnehmer in die Heimat bringen. Bei den Kleinanbietern sitzen Sie meist sehr eng in den nicht immer sicheren Bussen.

Deutsche Touring Gesellschaft
Am Römerhof 17, 60486 Frankfurt a. M.;
Tel. 0 69/79 03 50, Fax 7 90 32 19

Mit dem Flugzeug

Weltweit gilt das ungeschriebene Gesetz: Wenn ein Staat etwas auf sich hält, hat er seine eigene Flagge, sein eigenes Geld – und natürlich seine eigene Fluggesellschaft. Dies hat auch Kroatien schnell erkannt: Inzwischen hebt die **Croatia Airlines** in die Lüfte ab. Noch nicht zu finanziellen Höhenflügen, dafür allerdings Richtung einiger europäischer Hauptstädte: Von Zagreb werden u. a. München, Frankfurt, Berlin, Wien und Zürich angeflogen. Eine Charterverbindung besteht in der Zeit von Ende Mai bis Mitte September zwischen Leipzig und Pula. Inländische Verbindungen aus der Hauptstadt bestehen in die istrischen Orte Rijeka, Pula und in der Zeit zwischen Ende Mai und Mitte September auch auf die Insel Lošinj.

Croatia Airlines
HR-10000 Zagreb, Town Office, Teslina 5; Tel. 1/42 77 52, Fax 1/42 79 35

In Deutschland
Klingerstr. 25, 60313 Frankfurt a. M.; Tel. 0 69/9 20 05 20, Fax 92 00 52 52

Mit dem Schiff
Die Anreise mit der Fähre von einem der italienischen Häfen lohnt sich für deutsche Urlauber auf Grund der nördlichen Lage Istriens kaum. Wer dennoch übers Wasser anreisen will: Die wichtigsten Fährverbindungen werden von der Gesellschaft **Jadrolinija** ab Bari und Ancona angeboten. Lohnender sind die Schiffsverbindungen für Gäste mit den südlichen Zielen Zadar, Split oder Dubrovnik in Dalmatien.

Jadrolinija
HR-51000 Rijeka, Riva 16
– Zentrale: Tel. 51/6 66-1 11, Fax 51/21 31 16
– Buchungen: Tel. 51/21 14 44, Fax 21 14 85

Generalagent in Deutschland:
Dertraffic Schiffservice
Emil-von-Behring-Str. 6, 60424 Frankfurt a. M.; Tel. 0 69/95 88 58 00, Fax 95 88 58 22

Auskunft

Die Kroatische Zentrale für Tourismus ist auch für den Landesteil Istrien zuständig. Für die meisten Städte gibt es inzwischen aktualisiertes Informationsmaterial. Besonders empfehlenswert für Individualreisende sind die gesamt-kroatischen Übersichten zu Hotel-, Privat- und Camping-Unterkünften. Das Auswärtige Amt in Bonn gibt praktische Reisetipps für die

Nachfolgestaaten Jugoslawiens: (Telefonansage, Tel. 02 28/17 10 00).

Tourismusverband der Region Istrien
Bayerstr. 24, 80335 München; Tel. 0 89/54 37 04 80, Fax 54 37 04 81; E-Mail: istrien-info@t-online.de, Internet: www.istra.com

Tourismusverband der Region Istrien
P.O.B. 151, HR-52440 Porec; Tel. 0 03 85/52/45 27 97, Fax 45 27 96; E-Mail: tzzi-po@pu.tel.hr

Kroatische Zentrale für Tourismus In Kroatien
Ilica 1a, HR-10000 Zagreb; Tel. 1/4 55 64 55, Fax 1/42 86 74

In Deutschland
– Karlsruher Str. 18/8, 60329 Frankfurt a. M.; Tel. 0 69/25 20 45, Fax 25 20 54
– Rumfordstr. 5, 80469 München; Tel. 0 89/22 33 44, Fax 2 60 92 84
– Augsburger Str. 29, 10789 Berlin; Tel. 0 30/2 14 11 24, Fax 2 14 13 59
– Oststr. 89, 40210 Düsseldorf; Tel. 02 11/13 57 54, Fax 32 52 50

In Österreich
Burggasse 23, A-1070 Wien; Tel. 1/5 22 64 28, Fax 1/5 22 64 27

Bevölkerung

In Kroatien leben rund 4,8 Millionen Einwohner. Damit verzeichnet man eine Bevölkerungsdichte von 84 Einwohnern/qkm. Die größte Gruppe bilden mit 78% die **Kroaten,** mit weitem Abstand folgen die **Serben** mit 12%. 2% bezeichnen sich als »Jugoslawen«, einer eigentlich nicht mehr bestehenden Nationalität. Zu den Minderheiten gehören Slowenen, Muslime, Ungarn, Tschechen, Italiener und Montegriner mit jeweils weniger als 1% der Gesamtbevölkerung.

Die Hauptstadt des Landes ist Zagreb. Politisches Zentrum Istriens ist die Hafenstadt Pula, obwohl offizielle Stellen in Zagreb die Stadt Pazin als Zentrum Istriens betrachten. Wirtschaftlich wesentlich bedeutender als die beiden genannten Städte ist allerdings Rijeka mit über 200 000 Einwohnern.

Camping

Schon zu jugoslawischen Zeiten war Istrien ein beliebtes Camping-Ziel. Derzeit gibt es über 50 Plätze, die insgesamt mehr als 150 000 Gäste aufnehmen können. Klassische Camper-Destinationen sind Poreč mit 5 Anlagen, Vrsar (4) und Rovinj (6). Fast überall können PKW-Reisende auch Bungalows oder Camper mieten. Vor allem in der Hochsaison zwischen Mitte Juni und Ende August ist jedoch eine Vorausbuchung dringend notwendig.

Internationale Camping-Fans sollten allerdings nicht mit allzu großen Erwartungen kommen: Die istrischen Anlagen sind in der Regel nur mäßig bewertet. Durchschnittliche Noten erhalten vor allem die sanitären Einrichtungen, als nachteilig wird oftmals auch die Lärmbelästigung empfunden.

Diplomatische Vertretung

In Kroatien
Deutsche Botschaft
Avenija Vukovara 64, 10001 Zagreb;
Tel. 1/6 15 81 05, Fax 1/6 15 81 03

In Deutschland
Botschaft der Republik Kroatien
Rolandstr. 45, 53173 Bonn;
Tel. 02 28/95 34 20, Fax 33 54 50

Konsularabteilung
der Kroatischen Botschaft
Rolandstr. 52, 53173 Bonn;
Tel. 02 28/95 29 20, Fax 33 21 54

Einkaufen

Istrische Souvenirs werden noch wenig angeboten: Wer Typisches will, muss lange suchen. Ein Tipp sind Portraits und Scherenschnitte von Straßenkünstlern.

Wenn es darum geht, noch ein Souvenir für die Lieben zu Hause einzupacken, fällt die Auswahl doch etwas schwer: Vielerorts boomt das Angebot von international produziertem Plastikkitsch, für den es im einst sozialistischen Land noch einen gewissen Nachholbedarf gibt. Vor allem bei den Einheimischen leider beliebt: Kriegsspielzeug aus Plastik.

Nach der kommerziellen Öffnung Kroatiens haben zahlreiche Firmen aus dem Westen das ganze Land als lukrativen Absatzmarkt für ihre Produkte entdeckt: Mitteleuropäischer Chic ist in – zumindest will es die Werbung so. Dieser Trend der »Neuzeit« hat heimische Produkte derzeit eindeutig in den Hintergrund gedrängt. Darunter leidet natürlich auch der Tourist bei seiner Suche nach einem Reiseandenken. Aber auch hier gilt: Wer suchet, der findet ...

Ein wesentlich höheres Niveau als der bereits erwähnte Plastikkitsch garantieren glücklicherweise zahlreiche einheimische Künstler. Seit Jahrzehnten ist die Küstenregion Istriens im Sommer ihr bevorzugtes Arbeits- und Feriendomizil. Bekanntester Treffpunkt ist Rovinj. Vor allem Maler schlagen hier gern ihr »Openair-Atelier« auf. Und so wird die Suche nach einem Bild schnell zu einer unvergesslichen Entdeckungstour durch die schmalen Gassen der Altstadt. An Stilrichtungen gibt es dabei keinerlei Beschränkungen: Alles ist erlaubt!

Außerdem sehr beliebt ist **Filigranschmuck** aus Gold und Silber, der in Kroatien eine lange Tradition hat und den man in zahlreichen Juweliergeschäften findet. Wer modernen Silberschmuck – oft in Handarbeit gefertigt – zu günstigeren Preisen sucht, sollte bis zum Abend warten: Dann schlagen zahlreiche Schmuckhändler und Designer ihre mobilen Stände an den Kaimauern am Hafen auf. Dazwischen mischen sich auch immer häufiger Bewohner aus dem Landesinneren, die schön gefertigte **Holzschnitzereien** anbieten oder **Duftkissen,** gefüllt mit Lavendel oder Rosmarin. Zum Bild gehören ebenso Bäuerinnen, die gehäkelte **Spitzendecken, Stickereien** und **Klöppelarbeiten** anbieten.

Bei **Lederwaren, Metallarbeiten, Kristall** und **Porzellan** oder **Muscheln** aus dem Meer kann man mit etwas Geduld ebenfalls ein gutes Reiseandenken finden. Meist ein sehr »kurzlebiges« Souvenir sind dagegen die bereits erwähnten hochprozentigen **Schnäpse** oder **Weine** Istriens, die entlang der Hauptverkehrsstraßen von den Bauern angeboten werden. Doch Vorsicht: Probieren Sie vor dem Schnaps-Kauf, denn die Hochprozenter werden in vielen Geschmacksrichtungen destilliert.

Vielerorts entstehen Einkaufszentren, die ein breites Angebot an Grundnahrungsmitteln und täglichen Bedarfsartikeln vor allem für die zahlreichen Camping- und Caravan-Urlauber anbieten. Auf fast allen Campingplätzen gibt es kleine Kioske, die auch außerhalb der normalen Ladenzeiten geöffnet sind, doch deutlich höhere Preise haben. In Istrien gibt es keinerlei Versorgungsengpässe.

Feiertage

Offizielle Feiertage sind in Kroatien der **1. Januar, 1.** und **30. Mai** (Tag der Eigenstaatlichkeit), **22. Juni, 5.** und **15. August, 1. November** sowie **25.** und **26. Dezember.** Arbeitsfreie Tage sind ferner der **6.** und **7. Januar,** der **Ostermontag** und der Ramadan-Bajram (nur für Moslems) mit wechselndem Datum. An diesen Tagen sind Banken und Geschäfte in der Regel geschlossen. Ausnahmen kann es jedoch in den Tourismus-Zentren geben.

Fernsehen

Die staatliche Rundfunk- und Fernsehanstalt ist Hrvatska Televizija in Zagreb. Lokale Sender in Istrien gibt es in Pula und Rijeka. Gesendet wird in kroatischer Sprache. Zahlreiche Hotels verfügen jedoch über Satellitenantennen, so dass auch deutschsprachige Programme zu empfangen sind.

Feste und Festspiele

Juli
Kanfanar
Mit dem Volksfest Jakovlja am 24. Juli ist ein farbenprächtiger Ochsen-Markt verbunden.

Medulin
Am 27. Juli wird mit der »Meduliner Nacht« dem hl. Jakob geehrt.

Poreč
Internationales Unterhaltungs-Musikfest mit zahlreichen Konzerten.

Pula
Während des gesamten Monats findet eines der bekanntesten Filmfeste Kroatiens an zahlreichen Veranstaltungsorten statt; außerdem Konzerte im Amphitheater.

August
Bale
Am 1. Samstag im August gehen die Bewohner später ins Bett als sonst: Sie feiern die »Nacht von Bale«.

Fažana
Beim Sardinenfest am Hafen gibt es Fisch und Wein satt.
Funtana, Fest zu Ehren des hl. Bernhard.

Novigrad
Am Ende des Monats gibt es ein Stadtfest zu Ehren des Beschützers von Novigrad, des hl. Pelasius.

Žminj
Zu Ehren des hl. Bartolo gibt es das Fest Barulja, dazu einen Viehmarkt.

September
Buje
Die Weinproduzenten der gesamten Region treffen sich zum Traubenfest mit traditioneller Prozession und vielen guten Tropfen.

Rovinj
Der St. Eufemija-Tag ist der Schutzpatronin der Stadt gewidmet; in der Altstadt und am Hafen wird ein buntes Fest mit Umzügen und kulinarischen Spezialitäten geboten.

November
Sošići
Am 21. November ist der Feiertag der hl. Maria – mit Musik und kulinarischen Spezialitäten.

FKK

Es gibt unterschiedliche Legenden, aber am liebsten hört man in Istrien die Version, dass hier das FKK-Baden erfunden wurde. Es sollen arme Studenten gewesen sein, die sich keine Badekleidung leisten konnten und deshalb nackt badeten. Offiziell bestätigt wird dagegen der erste prominente hüllenlose Badegast: Der englische König Edward VIII. hatte im August 1934 auf der Insel Rab angeblich das Bedürfnis zum Nacktbaden – die Genehmigung beantragte er auch für seine Frau.

Die Idee hat sich durchgesetzt: Istrien gilt unter Nudisten als eine der besten Destinationen weltweit. Es gibt inzwischen acht reine FKK-Campingplätze und zahlreiche FKK-Strände, die sich großer Beliebtheit

erfreuen. Trotz dieser hüllenlosen Offenheit sollte man an Textil-Stränden allerdings auf FKK verzichten.

Fotografieren

Keine Probleme – solange Sie keine militärischen Anlagen fotografieren. Auch Soldaten, die Ihnen oftmals während des Heimaturlaubs an der Küste begegnen, sollten Sie nicht ungefragt ablichten. Die international gängigen Filme können Sie überall kaufen. Die Preise liegen allerdings meist etwas höher als in Deutschland. Inzwischen gibt es vielerorts auch den 24-Stunden-Entwicklungsservice.

Geld

Der kroatische **Kuna** ist in 100 Lipa unterteilt. Es sind Münzen zu 1, 2, 5, 10, 20 und 50 Lipa sowie 1, 2 und 5 Kuna im Umlauf. Außerdem gibt es Banknoten zu 5, 10, 20, 50, 100, 200, 500 und 1000 Kuna. Man kann bis zu 2000 Kuna (in Scheinen zu höchstens 500 Kuna) einführen. Fremdwährungen können unbeschränkt ein- und ausgeführt werden. »Kuna« bedeutet »Marder« – und für genauso bissig halten Experten die Währung: Sie ist ihrer Meinung nach überbewertet. Nachteil für Touristen: Das einst billige Reiseland Kroatien ist allenfalls noch als preisgünstig zu bezeichnen.

Kreditkarten (American Express, Diners, Eurocard und Mastercard) werden in größeren Hotels und Restaurants meist ebenso akzeptiert wie **Euroschecks**. Sie können nur bis zu einem Betrag von 1500 Kuna ausgestellt werden. Es gibt kaum Bankautomaten für EC-Karten. Bewegt man sich auf touristischem Neuland, insbesondere im Landesinneren, sollte man genügend Bargeld bei sich haben.

Beim Verlassen des Landes werden Kuna nur gegen Vorlage der Umtauschbescheinigung zurückgenommen.

Kleidung

Im Sommer ist leichte Kleidung wegen teilweise tropischer Temperaturen angebracht. Allerdings können Küstenwinde auch im Sommer tagelang für Abkühlung und Regenschauer sorgen: Deshalb sollte man auch einen Pullover oder eine Windjacke mit zum Gepäck legen.

Im Herbst und Winter sollten Sie auf jeden Fall warme Kleidung mitnehmen. Kleidungs-Vorschriften gibt es in den Touristenhotels kaum. Sportlich-legeres Outfit ist angesagt.

Medizinische Versorgung

Zwischen Deutschland und Kroatien besteht ein Gesundheitsabkommen. Sie benötigen deshalb nur einen Auslandskrankenschein. Eine zusätzliche Auslandskrankenversicherung ist ratsam. Die gängigen Medikamente sind in der Regel überall zu günstigen Preisen zu haben.

Notruf

Die wichtigsten Telefonnummern:
Polizei Tel. 92
Feuerwehr Tel. 93
Unfallrettung Tel. 94
Der Straßendienst des kroatischen Autoklubs (HAK) ist rund um die Uhr unter der Telefonnummer 987 zu erreichen. Der deutschsprachige ADAC-Notruf hat die Nummer 1/6 52 66 68 und 6 52 66 25. Das Büro in Zagreb ist das ganze Jahr geöffnet.
Hrvatski Autoklub (HAK)
Draskoviceva 25, 10000 Zagreb;
Tel. 1/4 55 44 33, Fax 1/44 86 30

Politik

Die Republik Kroatien erklärte im Mai 1990 ihre Souveränität. Der Begriff

Wechselkurse		
KR	**EU**	**CH**
Kuna	Euro	Franken
1	0,13	0,20
5	0,65	0,99
10	1,29	1,99
20	2,60	4,00
30	3,90	6,00
50	6,50	9,90
100	12,90	19,90
250	32,30	49,60
500	64,70	99,30
750	97,00	148,90
1000	129,30	198,60
1500	194,00	297,90
10 000	1293,30	1985,80

Stand: April 2001

Nebenkosten
(umgerechnet in Euro)

1 Tasse Kaffee .... ab 0,80

1 Bier .... ab 1,20

1 Cola .... ab 1,00

1 Brot (ca. 500g) .... ab 0,40

1 Schachtel Zigaretten ab 1,80

1 Liter Benzin .... ab 0,55

Mietwagen/Tag ..... etwa 75,00

»sozialistisch« wurde aus dem Staatsnamen gestrichen. In Zukunft soll eine marktwirtschaftlich orientierte Demokratie mit Mehrparteien-System gelten. Der Präsident soll direkt vom Volk gewählt werden. Serbischen und anderen Minderheiten wollte man die verfassungsmäßige Gleichberechtigung aberkennen. Europäische Länder intervenierten gegen diesen Passus allerdings erfolgreich.

Bei den Wahlen 1990 erreichte die national-konservative Partei »Kroatische Demokratische Union« (HDZ) die absolute Mehrheit der Stimmen. Ihr Vorsitzender und damit Präsident der Republik ist Dr. Franjo Tudjman. 1992 wurde der kroatische Staat international anerkannt, und nach langwierigen Verhandlungen im amerikanischen Dayton wurde 1995 ein Friedensvertrag zwischen den kämpfenden Parteien ausgehandelt. Nicht unterschätzen sollte man den starken Drang in Istrien nach politischer Selbstverwaltung.

Viele Familien haben Angehörige in den Auseinandersetzungen verloren. Mit diesem Hintergrund gehen – verständlicherweise – bei Diskussionen zum Thema Krieg die Emotionen schnell hoch. Deshalb ist es ratsam, das Thema von sich aus möglichst nicht anzuschneiden und sich bei entstehenden Diskussionen zurückzuhalten. Als Außenstehender mit Informationen aus zweiter Hand – Rundfunk oder Fernsehen – kann man kaum gegen die emotionale Betroffenheit der Kroaten argumentieren.

Post

Eine Postkarte nach Deutschland kostet 2,40 Kuna, ein Brief 6,50 Kuna. Die Sendung ist etwa eine Woche unterwegs. Briefmarken bekommt man nicht nur bei der Post, sondern auch an zahlreichen Souvenirständen oder in Hotels.

Reisedokumente

Für die Einreise – bei einem Aufenthalt bis zu 3 Monaten – genügt ein Reisepass oder ein Personalausweis. Neben Führerschein und Fahrzeugschein ist für Autofahrer die Internationale **Grüne Versicherungskarte** empfehlenswert. Sie wird oftmals bereits bei der Einreise nach Slowenien verlangt und kann im Notfall auch direkt an der Grenze gekauft werden.

Reisewetter

Der Sommer ist gekennzeichnet von teilweise tropischen Temperaturen, die nicht selten weit über 30 Grad liegen. Mit durchschnittlich 2600 Sonnenstunden im Jahr und angenehmen Wassertemperaturen gilt die istrische Adriaküste als eine der sonnigsten Regionen in Europa. Allerdings können kühle Küstenwinde auch im Sommer tagelang für Erfrischung und Regenschauer sorgen. Ungemütlich kann es dann vor allem in Privatpensionen werden, da sie oftmals nicht mit einer Heizung ausgestattet sind.

Im Herbst und Winter sind niedrige Temperaturen, kalte Winde und Regen (auch Schneefall ist möglich) an der Tagesordnung. Mit etwas Glück kann der Frühling zu einer herrlichen Reisezeit werden: Wenn in Mitteleuropa noch Aprilschauer für Gänsehaut sorgen, blühen an der istrischen Küste schon die Bäume.

Religion

Rund 85% der Kroaten bekennen sich zum katholischen Glauben: Beim Papst-Besuch im Herbst 1994 versammelten sich in Zagreb über 800 000 Gläubige. Insgesamt gibt es Anhänger von 24 weiteren Konfessionen. In den Touristenorten werden im Sommer auch evangelische Gottesdienste abgehalten.

Rundfunk

Vielfalt im Äther: Mittlerweile werden immer mehr Privatsender gegründet. Hinzu kommen Stationen aus dem nahen Italien. Auch die Deutsche Welle ist gut zu empfangen.

Sprache

Amtssprache ist Kroatisch mit lateinischer Schrift. Bis zum Dezember 1990 gab noch Serbokroatisch den Ton im Lande an. In den Touristikzentren wird Deutsch in der Regel gut verstanden, nicht zuletzt wegen der zahlreichen Arbeitnehmer, die jahrelang in Deutschland oder Österreich gelebt haben. Mit englischen Sprachkenntnissen kommt man allerdings nicht sehr weit.

In fast allen größeren Touristenorten entlang der Küste wird neben der Speisekarte in einheimischer Sprache auch eine Übersetzung in Deutsch und Englisch ausgelegt.

Stromspannung

Die Stromspannung beträgt 220 Volt. Zweipolige deutsche Stecker passen in alle Steckdosen.

Telefon

Vorwahlnummer von Kroatien nach
D → 99 49
CH → 99 41
A → 99 43
Anschließend wählt man die jeweilige Ortskennzahl ohne die Null am Anfang.
Internationale Vorwahlnummer für Kroatien ist 0 03 85.
Auslandsgespräche können von allen Hotels, Postämtern und öffentlichen Telefonzellen geführt werden. Neben Münzen können auch »Zetons« oder Telefonkarten verwendet werden. Günstiger sind Gespräche in der Zeit zwischen 22 und 6 Uhr. Das Telefonnetz in Istrien wurde Ende 1994 umgestellt, alle bisher gültigen Num-

Die genauen Klimadaten am Beispiel von Rab

Quelle: Deutscher Wetterdienst, Offenbach

		Januar	Februar	März	April	Mai	Juni	Juli	August	September	Oktober	November	Dezember
Durchschnittl. Temp. in °C	Tag	14,1	14,8	16,6	18,9	21,9	26,0	28,2	28,8	26,9	22,5	18,1	15,1
	Nacht	6,3	6,4	7,9	10,4	12,8	16,9	19,6	20,2	18,1	13,9	10,2	7,6
Sonnenstunden pro Tag		5,2	6,5	6,6	7,9	9,8	10,5	11,4	10,6	8,5	7,1	5,7	5,0
Regentage		8	6	8	6	5	3	1	3	5	9	8	9
Wassertemp. in °C		14	13	14	15	17	21	24	25	24	21	18	15

mern änderten sich. In den vielen touristischen Informationsbroschüren sind diese Veränderungen noch nicht berücksichtigt.

Tiere

Die Tollwut-Impfbescheinigung muss im internationalen Impfpass eingetragen sein (mindestens 15 Tage und höchstens sechs Monate alt).

Trinkgeld

Guter Service – gutes Trinkgeld: Ihre Zufriedenheit sollte den Ausschlag geben.

Verkehrsverbindungen

Es gibt keine besonderen Schwierigkeiten, auf die sich Autofahrer in Istrien einstellen müssen, auch keine Versorgungsschwierigkeiten bei **Benzin**; bleifreier Treibstoff ist an vielen Tankstellen zu bekommen. Ein Liter Normal 91 (bleifrei) kostet 0,55 €. Es ist nicht erlaubt, Benzin in Kanistern ein- oder auszuführen. »Blei-

frei« heißt **bezolovni**. Die **Höchstgeschwindigkeiten** für PKW betragen in geschlossenen Ortschaften 50 km/h; außerorts 80 km/h, auf Schnellstraßen 100 km/h, auf Autobahnen 130 km/h. Sollten Sie in einen Unfall verwickelt sein, müssen Sie auf jeden Fall die Polizei rufen. Lassen Sie sich eine polizeiliche Unfallbestätigung (**potvrda**) ausstellen. Die Promillegrenze beträgt 0,5. Fast schon ein »Volkssport« wird in den Sommermonaten das Einrichten von privaten **Parkplätzen**: Nicht nur in und um (fast) allen Tourismusorten wird der Besucher zur Kasse gebeten; Kleingeld sollte man deshalb immer in der Tasche haben.

Die E 65 nach Süden – Richtung Dubrovnik – ist vor allem bei Regen vorsichtig zu befahren. Vorsicht sollten Sie auch auf den meist sehr engen und schlecht asphaltierten Straßen auf den Inseln der Kvarner Bucht walten lassen.

Fertig gestellt ist die Schnellstraße E 751 zwischen der Grenze bei Portorož/Slowenien und Pula. Sie müssen auf dem Weg nach Süden inzwi-

Entfernungen (in km) zwischen wichtigen Orten in Istrien

* außer von Krk, Crikvenica und Rijeka mit Fähre von Brestova

	Buzet	Cres*	Crikvenica	Krk	Opatija	Poreč	Pula	Rijeka	Rovinj	Veli Lošinj*
Buzet	–	96	92	111	46	48	91	55	75	153
Cres*	96	–	54	33	53	96	91	70	102	57
Crikvenica	92	54	–	49	54	126	142	37	132	111
Krk	111	33	49	–	73	145	161	56	151	90
Opatija	46	53	54	73	–	80	88	17	86	110
Poreč	48	96	126	145	80	–	53	89	38	153
Pula	91	91	142	161	88	53	–	105	39	148
Rijeka	55	70	37	56	17	89	105	–	95	127
Rovinj	75	102	132	151	86	38	39	95	–	159
Veli Lošinj*	159	57	111	90	110	153	148	127	159	–

schen also nicht mehr eine zeitaufwendige Fahrt entlang der Küstenorte in Kauf nehmen.

Hilfe im Notfall bietet der **Straßendienst** des kroatischen Autoclubs (HAK), der rund um die Uhr unter der Telefonnummer 987 zu erreichen ist und für ADAC-Mitglieder kostenlos zur Verfügung steht. Der deutschsprachige ADAC-Notruf hat die Telefonnummer 1/6 52 66 68 und 6 52 66 25. Das Büro in Zagreb ist das ganze Jahr über geöffnet.
Hrvatski Autoklub
(Kroatischer Autoclub HAK)
HR-10000 Zagreb, Draskoviceva 25;
Tel. 1/4 55 44 33, Fax 1/44 86 30
Pannenhilfe-Büro in Pula
Štiglića 34; Tel. 52/54 09 87

Busse
Die meisten istrischen Küstenorte sind durch ein gutes Busnetz oftmals stündlich miteinander verbunden. Abgelegene Orte – häufig im Landesinneren – werden jedoch nur einmal täglich bedient. Ähnlich ist die Situation auf den kleineren Inseln in der Kvarner Bucht. Aus den nördlich gelegenen Orten Istriens gibt es täglich Liniendienste in die italienische Hafenstadt Triest. Vorsicht: Im Sommer kann Busfahren zur Tortur werden!

Wirtschaft

Wichtigster Erwerbszweig in Istrien ist neben dem Schiffbau ohne Zweifel der Fremdenverkehr, dessen Ursprünge in das Jahr 1844 zurückgehen: Damals wurde in Opatija das erste Hotel eröffnet. Bedingt durch den Krieg auf dem Gebiet des ehemaligen Jugoslawiens ging die Zahl der ausländischen Touristen 1990 und 1991 erheblich zurück. Den ersten Aufschwung verzeichnete man 1993: Mit rund 1,5 Millionen Touristen erreichte man allerdings nur rund 30 Prozent der Besucherzahlen von 1990. 1997 lag die Zahl der auslän-

Handgefertigte Souvenirs lohnen ihren Preis.

dischen Touristen schon bei über 3 Millionen. Die positive Tendenz hat sich bis ins Jahr 2000 fortgesetzt.

Zeitungen

Landesweit erscheinen über 300 Zeitungen und Zeitschriften. Deutschsprachige Zeitungen werden in Istrien selbst nicht herausgegeben. Deutsche Presseerzeugnisse können jedoch in allen größeren Touristenorten gekauft werden.

Zoll

Ausländische Touristen können 200 Zigaretten oder 50 Zigarren oder 250 g Tabak; 0,05 l Parfüm; 0,25 l Eau de Toilette; 1 l Wein und 1 l Spirituosen zollfrei einführen.

Sportausrüstung, Fotoapparate, Videokameras und andere elektronische Geräte müssen mündlich deklariert werden. Für ein CB-Funkgerät ist eine Genehmigung der Kroatischen Botschaft in Bonn notwendig.

5. Jh. v. Chr.
Erste Spuren einer keltisch-illyrischen Kultur.

ab 2. Jh. v. Chr. – 9. Jh. n. Chr.
Die römische Eroberung endet – trotz harten Widerstands – in der Gründung der Provinz Venetia et Histria. Pula wird Verwaltungszentrum.

4. Jh.
Durch die Region verläuft die Grenze zwischen West- und Oströmischem Reich.

6. Jh.
Byzanz übernimmt die Herrschaft über das Gebiet. Nachdem ein Bund aus Avaren und Slawen die Macht bedroht, ruft Kaiser Heraclius die Kroaten, die nördlichen Feinde der Avaren, zu Hilfe. Sie erreichen die Küste um 635. Die Herkunft der Kroaten ist bis heute nicht eindeutig geklärt: Wahrscheinlich kamen sie ursprünglich aus dem iranischen Raum, unterwarfen einige Slawenstämme im Gebiet der Karpaten und zogen weiter in das heutige Kroatien.

8. Jh.
Unter fränkischer und byzantinischer Oberhoheit wird das Gebiet christianisiert.

804
Vor allem die Franken schränken die Rechte der Städte stark ein. Als Folge werden auf der Versammlung von Riesan heftige Vorwürfe gegen die Regierenden erhoben.

845–1088
Die Dynastie der Trpimirovice beherrscht den ersten unabhängigen Staat Kroatien.

925
Der Papst erkennt Fürst Tomislav als König der Kroaten an.

ab 12. Jh.
Die wirtschaftliche Abhängigkeit von Venedig erstreckt sich über den gesamten Küstenstreifen Istriens.

1102
Der ungarische König Koloman lässt sich zum kroatischen König ausrufen. Damit beginnt ein fast 800 Jahre andauernder ungarischer Einfluss. Kroatien wird in dieser Zeit zum »Bollwerk« gegen den türkischen Einfluss.

ab 15. Jh.
Istrien wird bis zum Fall der Venezianischen Republik im Jahre 1797 in einen venezianischen und einen österreichischen Teil aufgegliedert. Es kommt immer wieder zu kriegerischen Auseinandersetzungen zwischen den beiden Lagern.

Ende 18. Jh.
Die Franzosen übernehmen für kurze Zeit die Geschicke Istriens. Sie sind aber in ihrem politischen und wirtschaftlichen Handeln eher glücklos.

1830–1848
Unter der Führung von Ljudevit Gaj versucht die Illyrische Bewegung (auch Kroatische Nationale Wiedergeburt genannt), die Urbevölkerung in den kroatischen Gebieten im Kampf gegen die ungarische Herrschaft zu einen.

1918
Gründung eines Königreichs aus Slowenen, Serben und Kroaten (SHS) – der erste jugoslawische Staat. Nach der Proklamation am 1. Dezember in Belgrad kommt es bereits wenige Tage später zu Demonstrationen gegen die zwangsweise vorgenommene Staatsgründung. In Zagreb protestieren kroatische »Landwehrmänner«, doch ihr Aufmarsch wird niedergeschlagen.

Ende 1. Weltkrieg
Istrien wird von der italienischen Armee besetzt. Als 1922 die Faschisten in Italien an die Macht kommen, verstärkt sich der Terror weiter. Die kroatische Sprache wird an allen öffentlichen Stellen verboten.

1941
Istrien wird von italienischen Truppen besetzt; Mussolini und Hitler unterstützen die Gründung eines »Unabhängigen Staates Kroatien«. Ante Pavelic übernimmt die Führung, seine »Ustascha« betreibt mit brutaler Gewalt eine ethnische Säuberung.

1946
Kroatien wird zur Sozialistischen Republik des Bundesstaates Jugoslawien.

ca. 1988–1990
Aufkeimender Nationalismus beschert Franjo Tudjman von der nationalistischen HDZ-Partei einen Wahlsieg (1990). Im April und Mai 1990 wird die souveräne Republik Kroatien gegründet. Rund 800 000 Serben im Land sehen sich von dieser Entwicklung bedroht. Es kommt zu ersten Ausschreitungen.

1991
Am 19. Mai stimmen rund 90% der Wahlberechtigten für einen unabhängigen und souveränen Staat Kroatien (Wahlboykott der Serben). Die Lage eskaliert: Es kommt zu schweren Auseinandersetzungen mit den von Belgrad unterstützten Serben; Istrien ist kaum betroffen. Am 25. Juni wird im Parlament die Unabhängigkeits-Urkunde ratifiziert: Kroatien erlangt nach rund acht Jahrhunderten wieder die volle Selbstständigkeit.

1992
Am 15. Januar wird Kroatien von zahlreichen Staaten völkerrechtlich anerkannt. Die Partei HDZ und Präsident Franjo Tudjman lassen sich in zwei umstrittenen Wahlen jeweils bestätigen. In Italien mehren sich wieder die Stimmen, die den alten Anspruch auf Istrien fordern. In Istrien selbst wird der Ruf nach größerer Unabhängigkeit von der Zentralregierung in Zagreb laut; die Parteien »Istrisch demokratische Versammlung« und »Istrische Volkspartei« profitieren von diesen regional-nationalistischen Gedanken.

1993
Rund 800 000 Flüchtlinge aus den serbischen Gebieten halten sich in Kroatien auf. Ihre Versorgung führt zu Spannungen unter der Bevölkerung.

1996
Die Kroatische Demokratische Gemeinschaft (HDZ) unter Präsident Franjo Tudjman gewinnt die Präsidentenwahlen Mitte Juni mit absoluter Mehrheit (61%). Wahlbeobachter der OSZE kritisieren, Tudjman habe das Staatliche Fernsehen für Wahlkampfzwecke missbraucht. Kroatien und die Bundesrepublik Jugoslawien beschließen am 7. August auf einem als historisch bezeichneten Treffen bei Athen die gegenseitige diplomatische Anerkennung.

1999
Im Dezember stirbt der kroatische Präsident Tudjman. Damit geht die Geschichte Kroatiens als Teil Jugoslawiens endgültig zu Ende. Die Wirtschaft erleidet durch den Kosovo-Krieg einen weiteren Rückschlag, dies gilt auch für den Tourismus Istriens.

2000
Die Wahlen im Februar gewinnt Stipe Mesic von der Volkspartei HNS. Seine Ziele: Kroatiens Beitritt zur NATO und EU sowie eine allgemeine Abkehr von der nationalistisch geprägten Politik Tudjmans.

Zur Aussprache

c wie »tz« in Katze
č stimmloses »tsch« wie in Tschechien
ć wie das »tch« in Pfötchen
dž stimmhaft, wie »dsch« in Dschun-
    ke
h wie das »ch« in Dach
š stimmloses »sch« wie in Schotte
v wie »w« in Watt
z stimmhaftes »s« wie in Hose
ž stimmhaftes »sch« wie »j« in
    Journal oder »g« in Hotelpage

Wichtige Wörter und Ausdrücke

ja	*da*
nein	*ne*
bitte ...	*Molim ...*
danke	*hvala*
Vielen Dank!	*Hvala lijepa!*
und	*i*
Wie bitte?	*Molim?*
Ich verstehe nicht	*Ne razumijem*
Entschuldigen Sie!	*Oprosite!*
Guten Tag!	*Dobar dan!*
Guten Morgen!	*Dobro jutro!*
Guten Abend!	*Dobro veče!*
Gute Nacht!	*Laku noć!*
Auf Wiedersehen!	*Dovidenja!*
tschüss!	*Bok!*
heute	*danas*
gestern	*jučer*
morgen	*sutra*
Wie geht es Ihnen?	*Kako ste?*
Gut	*dobro*
Schlecht	*loše*
Es geht	*tako-tako.*
Sprechen Sie ...	*Govorite li ...*
Englisch	*engleski*
Deutsch	*njemački*
Wie heißen Sie?	*Kako se zovete?*
Ich heiße ...	*Zovem se ...*
Sehr erfreut	*Drago mi je*
Ich komme aus ...	*Ja sam i ...*
Wer?	*tko?*
Was?	*što?*

Wo?	*gdje?*
Wie?	*kako?*
Welcher?	*koj?*
Welche?	*koja?*
Wann?	*kada?*
Warum	*zašto?*

Zahlen

eins, ein, eine	*jeden*
zwei	*dva*
drei	*tri*
vier	*četiri*
fünf	*pet*
sechs	*šest*
sieben	*sedam*
acht	*osam*
neun	*devet*
zehn	*deset*
hundert	*sto*
tausend	*tisuća*
Tag	*dan*
Woche	*tjedan*
Monat	*mjesec*
Jahr	*godina*

Wochentage

Montag	*ponedjeljak*
Dienstag	*utorak*
Mittwoch	*srijeda*
Donnerstag	*četvrtak*
Freitag	*petak*
Samstag	*subota*
Sonntag	*nedjelja*

Mit und ohne Auto unterwegs

links	*lijevo*
rechts	*desno*
vorwärts	*naprijed*
rückwärts	*natrag*
Straße	*ulica*
Fahrt	*voznja*
Wo ist ...?	*Gdje je.. ?*
Wo gibt es...?	*Gdje ima...?*
Wechselstube	*mjenjačnica*
Bank	*banka*
Fremdenverkehrsbüro	*Informacije za turiste, turističke informacije*
Wie viel kostet die Fahrkarte?	*Pošto je karta?*

Autovermietung	*ured za iznajmljivanje automobila*
Tankstelle	*benzinska pumpa*
bleifrei	*bez olova*
Super	*super*
Normal	*benzin*
Diesel	*dizel*
Bitte voll tanken	*Napunite do kraja, molim*
Ich hatte einen Unfall	*Imao sam nesreća*
Wo kann ich das Auto reparieren lassen?	*Gdje mogu popraviti auto?*

Hotel

Hotel	*hotel*
Zimmer	*soba*
Wo finde ich eine Pension/ ein Hotel?	*Gdje ovdje ima pension/ hotel?*
Wir suchen ein Zimmer mit ...	*Tražimo sobu sa ...*
Betten	*kreveta*
Haben Sie noch ein Zimmer frei?	*Imate li slobodnih soba za večeras?*
Reservierung, reserviert	*rezervacija*
ausgebucht	*zauzeto*
Wir suchen ein Zimmer für eine Nacht	*Tražimo sobu za jednu noć*
...mit Frühstück/ Mittag-/ Abendessen	*sadoručom/ ručkom/ večerom*
Ich nehme es	*Kupujem*
Nehmen Sie Kreditkarten?	*Primate li kreditne kartice?*
Reisepass	*putovnica*
Schlüssel	*ključ*

Restaurant

essen	*jesti*
trinken	*piti*
Tisch	*stol*
Stuhl	*stolica*
Löffel	*zlica*
Gabel	*viljuska*
Glas	*casa*
Messer	*noz*
Kellner!	*Konobar!*
Speisekarte	*jelovnik*
Frühstück	*doručak, zajutrak*
Mittagessen	*ručak, objed*
Abendessen	*večera*
Vegetarisch	*vegetarijanac (m), vegetarijanka (w)*
Ich nehme ..., bitte	*Ja ću ... molim*
Prost!	*Živjeli!*
Die Rechnung, bitte Zahlen, bitte	*Molim donesite račun*
Wo ist die Toilette?	*Gdje je toalet?*

Einkaufen

billig	*jeftino*
teuer	*skulpo*
kleiner	*manje*
größer	*vece*
Wo kann man ... kaufen?	*Gdje se može kupiti ...?*
Ich möchte ... kaufen	*Htio bih kupiti ... (m.) Htjela bih kupiti ... (w.)*
Haben Sie ...	*Imate li ...?*
200 Gramm	*dvjesto grama*
Wie viel kostet das?	*Pošto je ovo?*
Das ist mir zu teuer	*To mi je skupo*
Was ist das?	*Što je ovo?*
nichts	*ništa*
alles	*sve*
ein bisschen	*malo*
Kaufhaus	*robna kuća*
Geschäft	*dućan*
Markt	*trznica*
offen, geöffnet	*otvoreno*
geschlossen	*zatvoreno*
Postkarte	*razglednica*
Briefmarke/n nach	*poštanske marke za*
Deutschland/ Österreich/ in die Schweiz	*Njemačku/ Austriju/ vicarsku*

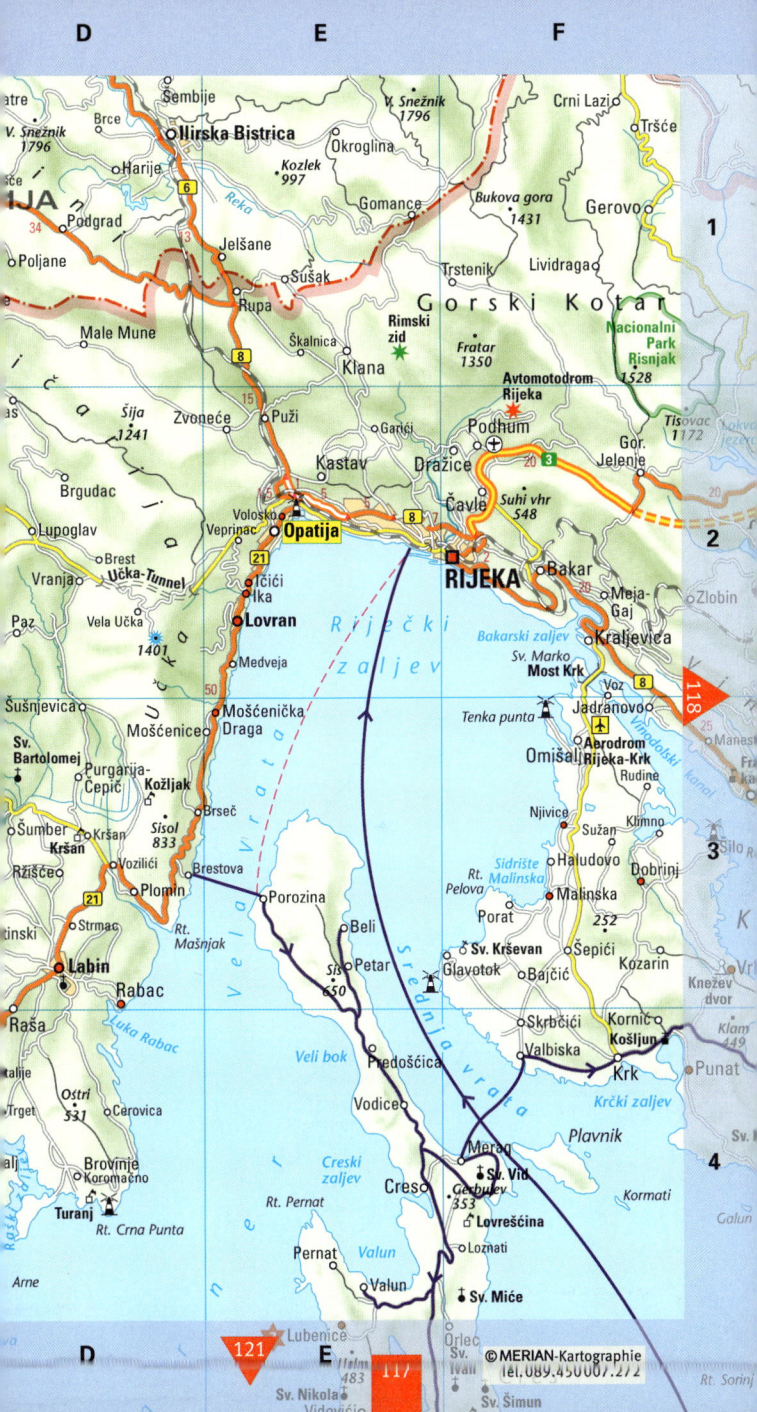

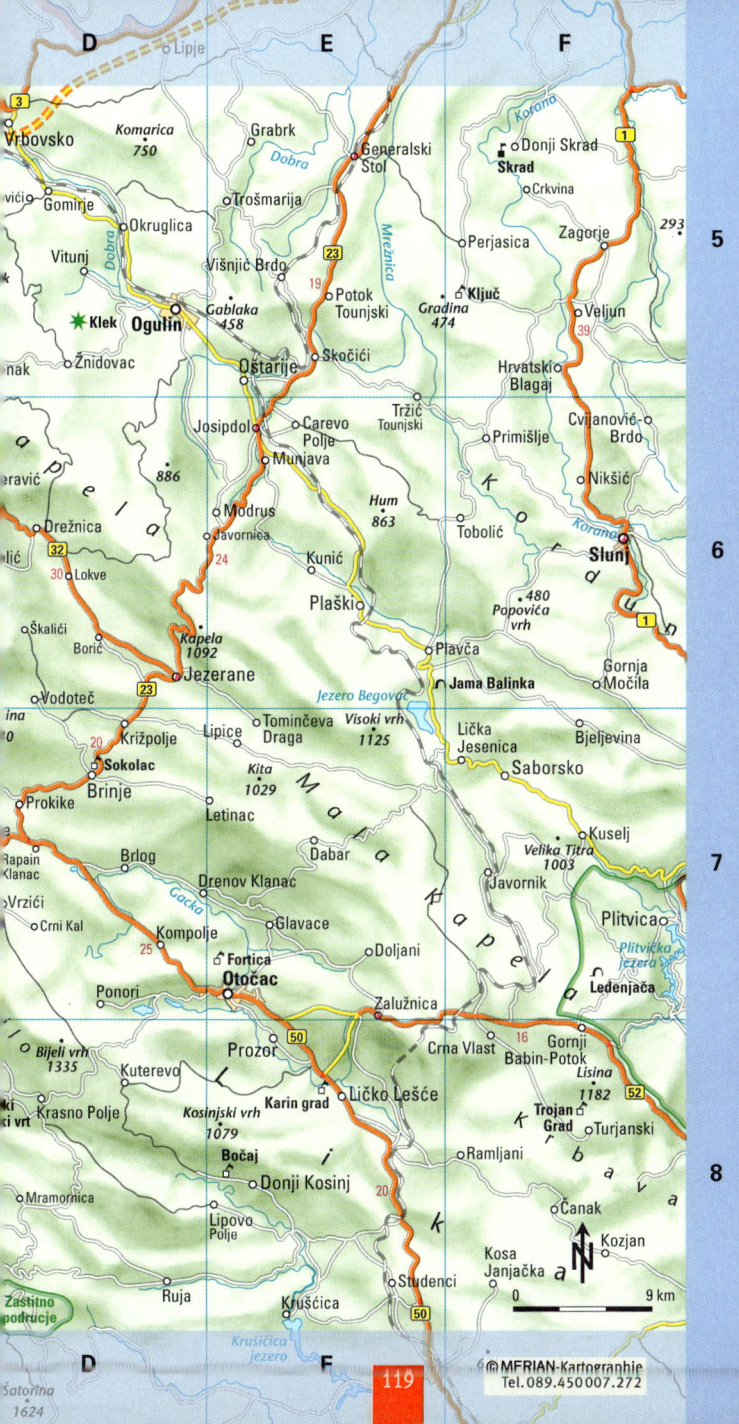

© MERIAN-Kartographie
Tel.089.450007.272

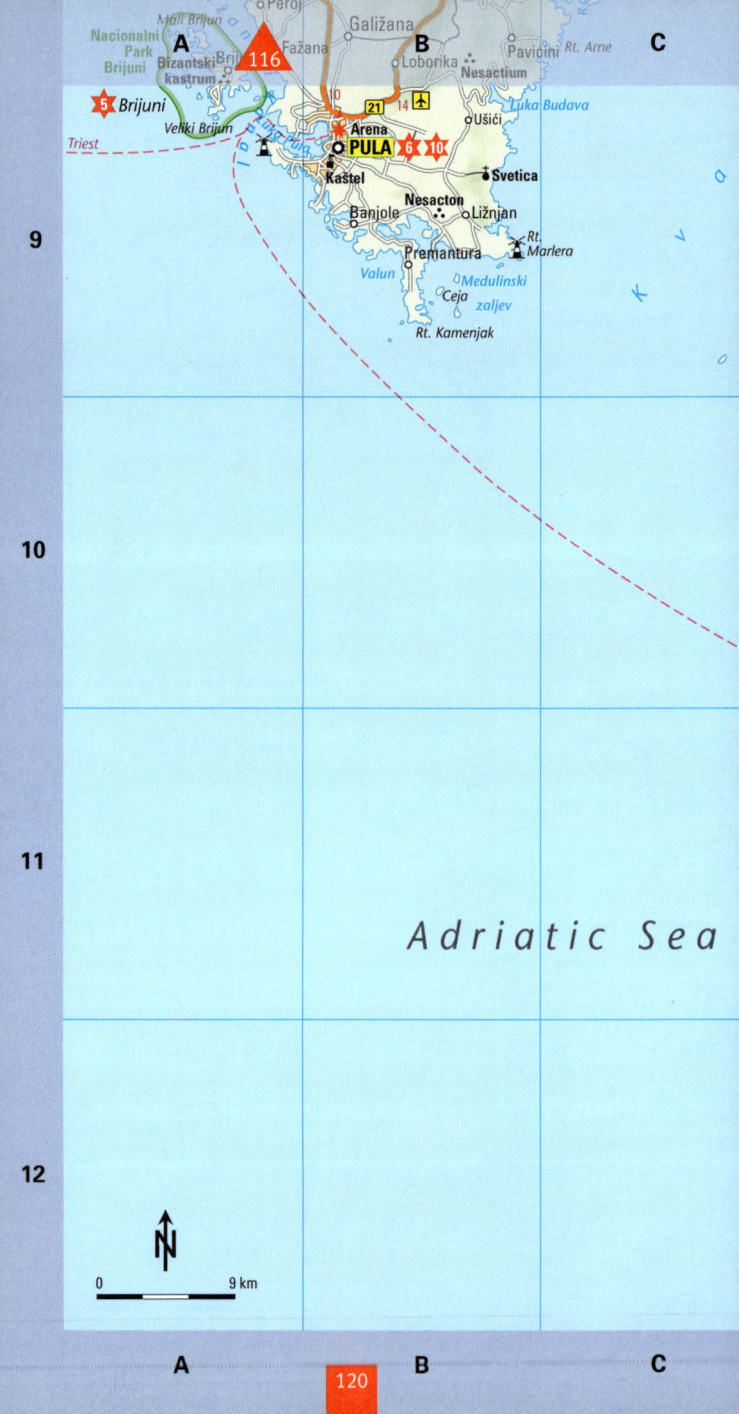

Peroj
Galižana
Mali Brijun
Nacionalni
Park
Brijuni
Fažana
Loborika
Pavićini Rt. Arne
Bizantski
kastrum
Brij
116
Nesactium
5 Brijuni
21 14
Ušići
Luka Budava
Triest
Veliki Brijun
Arena
PULA 6 10
Svetica
Kaštel
Nesacton
Banjole
Ližnjan
9
Premantura
Rt.
Marlera
Valun
Medulinski
Ceja zaljev
Rt. Kamenjak

10

11

A d r i a t i c S e a

12

N

0 9 km

© MERIAN-Kartographie
Tel.089.450007.272

Orts- und Sachregister

Hier finden Sie alphabetisch aufgeführt alle in diesem Band beschriebenen Orte und Ziele, Routen und Touren. Bei einzelnen Sehenswürdigkeiten steht jeweils der dazugehörige Ort in Klammern, bei Hotels steht zusätzlich die Abkürzung H für Hotel.

Außerdem enthält das Register wichtige Stichworte sowie alle MERIAN-Tipps und Extras dieses Reiseführers. Wird ein Begriff mehrfach aufgeführt, verweist die **fett** gedruckte Zahl auf die Hauptnennung im Band.

MERIAN
Die Lust am Reisen.

IMPRESSUM

Liebe Leserinnen und Leser,

wir freuen uns, Ihre Meinung zu diesem Reiseführer zu erfahren. Bitte schreiben Sie uns, wenn Sie Berichtigungen und Ergänzungsvorschläge haben oder wenn Ihnen etwas besonders gut gefällt:

Gräfe und Unzer Verlag, Reiseredaktion, Postfach 86 03 66, 81630 München
E-Mail: merian-live@graefe-und-unzer.de

Alle Angaben in diesem Reiseführer sind gewissenhaft geprüft. Preise, Öffnungszeiten usw. können sich aber schnell ändern. Für eventuelle Fehler übernimmt der Verlag keine Haftung.

© Gräfe und Unzer Verlag GmbH, München

Auflage	5.	4.	3.	2.	1.
Jahr	2005	04	03	02	01

Redaktion: Dirk Wagner
Kartenredaktion:
Reinhard Piontkowski

Bei Interesse an Karten aus MERIAN-Reiseführern schreiben Sie bitte an: iPublish GmbH, geomatics, Berg-am-Laim-Straße 47, 81673 München E-Mail: geomatics@ipublish.de

Gestaltung: Ludwig Kaiser
Karten: MERIAN-Kartographie
Produktion: Helmut Giersberg
Satz: Filmsatz Schröter, München
Druck und Bindung: Appl, Wemding
ISBN 3–7742–6006–0

Fotos:
P. Hinze 2, 9 o, 9 m, 11, 18/19, 31, 33 u, 41, 43 o, 43 m, 43 u, 45, 49, 53, 55 o, 55 u, 58, 63 o, 63 m, 63 u, 68, 73 o, 73 m, 73 u, 75, 76/77, 81, 82, 88/89, 93, 95, 97, 99; J. Scholten 4/5, 9 u, 12/13, 17, 24/25, 27, 29, 33 o, 33 m, 55 m, 85, 86, 100/101, 111

Gedruckt auf Luxokay mattgestrichen von Schneidersöhne Papier.